vive le français!
HORIZONS

G. Robert McConnell
Coordinator of Modern Languages
Scarborough Board of Education
Scarborough, Ontario

2

Rosemarie Giroux Collins
Wellington County
Board of Education
Guelph, Ontario

cahier d'activités

Addison-Wesley Publishers Limited
Don Mills, Ontario • Reading, Massachusetts • Menlo Park, California
New York • Wokingham, England • Amsterdam • Bonn • Sydney
Singapore • Tokyo • Madrid • San Juan • Paris • Seoul
Milan • Mexico City • Taipei

unité 1

j'écoute!

A ah, les adjectifs!

1. beau, (belle)
2. bon, bonne
3. gris, grise
4. blanc, blanche
5. favori, favorite

6. beau, belle
7. intelligent, intelligente
8. intéressant, intéressante
9. délicieux, délicieuse
10. fou, folle

B *masculin* ou *féminin?*

	1	2	3	4	5	6	7	8	9	10
masculin	✓	☐	☐	☐	☐	☐	☐	☐	☐	☐
féminin	☐	☐	☐	☐	☐	☐	☐	☐	☐	☐

C vive le Canada!

	1	2	3	4	5	6	7	8	9	10
canadien	☐	☐	☐	☐	☐	☐	☐	☐	☐	☐
canadienne	✓	☐	☐	☐	☐	☐	☐	☐	☐	☐
canadiens	☐	☐	☐	☐	☐	☐	☐	☐	☐	☐
canadiennes	☐	☐	☐	☐	☐	☐	☐	☐	☐	☐

D écoute bien!

	oui	non
1. Ils ont les cheveux blancs.	☐	✓
2. L'hôtel est très bon!	☐	☐
3. Paul a les yeux bleus.	☐	☐
4. L'avion est gris.	☐	☐
5. C'est une ville intéressante.	☐	☐

	oui	non
6. Tiens! Voilà Marc encore!	☐	☐
7. Ils parlent avec les artistes.	☐	☐
8. Notre ville est très jolie.	☐	☐
9. Ses photos sont drôles!	☐	☐
10. Elles sont dans l'hôtel.	☐	☐

E   regarde bien! ●●

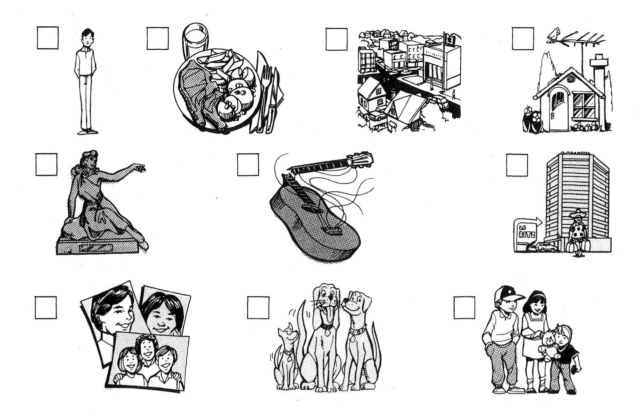

F   les photos de Richard ●●

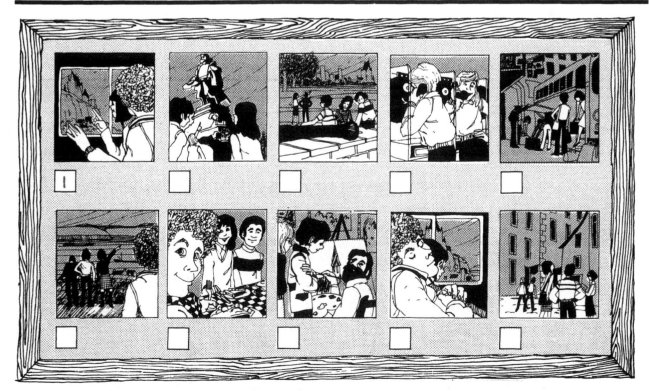

G   bienvenue à Québec! ●●

Et _____ le Château Frontenac! C'est un _____ . Il est très

_____ et très _____ ! À côté du Château Frontenac il y a

la _____ de Samuel de Champlain. Elle est _____ , n'est-ce pas?

Et si vous avez faim, les _____ dans le Château sont très

_____ . Naturellement, la _____ est toujours

_____ !

je prononce bien!

A   ah oui! ●●

	1	2	3	4	5	6	7	8	9	10
oui	✓	☐	☐	☐	☐	☐	☐	☐	☐	☐
non	☐	☐	☐	☐	☐	☐	☐	☐	☐	☐

B   c'est toi? ●●

	1	2	3	4	5	6	7	8	9	10
oui	✓	☐	☐	☐	☐	☐	☐	☐	☐	☐
non	☐	☐	☐	☐	☐	☐	☐	☐	☐	☐

C   *masculin* ou *féminin?* ●●

	1	2	3	4	5	6	7	8	9	10
masculin	✓	☐	☐	☐	☐	☐	☐	☐	☐	☐
féminin	☐	☐	☐	☐	☐	☐	☐	☐	☐	☐

D ça rime! ●●

1. auto   _____

2. intéressant   _____

3. Marcel   _____

4. monsieur   _____

5. arriver   _____

6. petit   _*joli*_____

7. derrière   _____

8. téléphone   _____

9. Lucien   _____

10. salut   _____

| |
| joli |
| belle |
| tourtière |
| statue |
| dîner |
| photo |
| bonne |
| intelligent |
| canadien |
| délicieux |

j'écris!

A choisis bien!

Complète les phrases avec un adjectif de la liste!

| magnifique | rouge | malade | pratique | drôle |
| sympa | confortable | facile | rapide | pénible |

1. Marcel n'est pas à la party parce qu'il est _*malade*_ .

2. Je n'aime pas sa soeur. Elle est _____ !

3. –De quelle couleur est ta bicyclette?

    –Elle est _____ .

4. Je regarde une comédie. Elle est très _____ !

5. Le Château Frontenac? C'est un hôtel _____ !

6. Voilà une Corvette! Oh là là! Elle est _____ !

7. Est-ce que le test est _____ ?

8. J'aime beaucoup Sylvie! Elle est très _____ !

9. Ils habitent dans une maison _____ dans la rue Mercier.

10. La Volkswagen des Lebrun est une voiture très _____ .

Nom: _____

B vive la différence!

1. Roger est petit, mais Monique n'est pas _petite_ .

2. Mon père est grand, mais ma mère n'est pas _____ .

3. Son ami est content, mais son amie n'est pas _____ .

4. Son frère est intelligent, mais sa soeur n'est pas _____ .

5. Henri est occupé, mais Claire n'est pas _____ .

6. Mon stéréo est cassé, mais ma radio n'est pas _____ .

7. Le garage est gris, mais la maison n'est pas _____ .

8. Le chapeau est joli, mais la robe n'est pas _____ .

9. Le match est intéressant, mais la comédie n'est pas _____ .

10. Le pantalon est noir, mais la chemise n'est pas _____ .

C c'est différent!

1. André est beau et Colette est _belle_ .

2. Le cyclomoteur est blanc et la moto est _____ .

3. Le sandwich est délicieux et la pizza est _____ .

4. M. Morin est canadien et Mme Morin est _____ .

5. C'est mon gâteau favori et c'est ma glace _____ .

6. Le poulet est bon et la tourtière est _____ .

7. Le fleuve est beau et la ville est _____ .

8. Son frère est fou et sa soeur est _____ .

D ce n'est pas logique!

Corrige chaque phrase. Change le nom ou l'adjectif!

1. La visite est délicieuse. _____

2. Le fleuve est drôle. _____

3. L'hôtel est rapide. _____

4. La maison est folle. _____

5. La ville est cassée. _____

E c'est le pluriel!

Mets chaque phrase au pluriel!

1. L'hôtel est beau. *Les hôtels sont beaux.*

2. C'est une ville canadienne. *Ce sont des villes canadiennes.*

3. C'est un hamburger délicieux. _____

4. Le chandail est gris. _____

5. La fille est belle. _____

6. C'est une photo intéressante. _____

7. Le restaurant est bon. _____

8. Le garçon est beau. _____

F les descriptions

Fais une description d'un ami et d'une amie. Pour chaque description, utilise **quatre** adjectifs de la liste!

> beau, petit, grand, sympa, pénible, drôle, fou, intelligent

1. Mon ami s'appelle _____ . Il est

_____ , _____ ,

_____ et _____ .

2. Mon amie s'appelle _____ . Elle est

_____ , _____ ,

_____ et _____ .

G parle de toi!

Utilise des adjectifs pour compléter les phrases suivantes!

1. Je suis _____ et _____ .

2. J'ai les cheveux _____ et les yeux _____ .

3. J'habite dans une maison/un appartement _____ .

4. Mes amis sont _____ .

5. Mon école est _____ .

6. Mes classes sont _____ .

7. Le français est une matière _____ !

bon voyage!

A les Nations-Unies

Quelles idées vont ensemble?

F	1. le Louvre		A	un groupe musical anglais
	2. Madrid		B	un inventeur italien
	3. le feta		C	un chien mexicain
	4. une Kawasaki		D	une ville espagnole
	5. le Mississippi		E	une voiture anglaise
	6. Marconi		F	un musée français
	7. une Mercedes		G	une moto japonaise
	8. les Beatles		H	un fromage grec
	9. Hong Kong		I	une équipe canadienne
	10. Moscou		J	un explorateur français
	11. un chihuahua		K	un fleuve américain
	12. les Expos		L	un port chinois
	13. Jacques Cartier		M	une voiture allemande
	14. Magellan		N	une ville russe
	15. Bombardier		O	un explorateur portugais
	16. une Rolls-Royce		P	un inventeur canadien

THE BEATLES

B mots croisés: les adjectifs

1. D'habitude Richard est sympa, mais aujourd'hui il est ... !

2. Le Saint-Laurent est un fleuve ... .

3. Zut! Mon stéréo est ... !

4. Monique fait du karaté. Elle est très ... !

5. Tiens! Voilà une souris! Elle est très ... .

6. J'adore Québec! C'est ma ville ... !

7. Mes parents ont les cheveux bruns, mais moi, j'ai les cheveux ... .

8. Son frère est à l'université. Il est très ... !

9. Denise mesure 180 cm. Elle est très ... !

10. Ma chambre est petite, mais elle est très ... .

11. Marc n'est pas drôle; il est ... !

12. Les chandails *Dior* sont très ... !

13. Leur voiture n'est pas bleue; elle est ... .

C les diapositives

Décris la visite des élèves à Québec!

1. <u>*Ils arrivent à Québec.*</u>
2. _____
3. _____
4. _____
   _____
5. _____
6. _____
7. _____
   _____
8. _____
9. _____
10. _____

1.

2.

3.

4.

5.

6.

7.

8.

9.

10.

D en français, s'il te plaît!

An exchange student from Quebec City is visiting your school. How would you...

1. introduce yourself?

2. welcome the student to your city?

3. say what your city is like?

4. ask what Quebec City is like?

5. ask what the student likes in your city?

Tiens, tiens, tiens!

Tiens, tiens, tiens! Qui est ton a - mi? Tiens, tiens, tiens! Est-ce qu'il est d'i - ci?

Tiens, tiens, tiens! As - tu sa pho - to? Tiens, tiens, tiens! Il est vrai - ment beau!

Il est blond et grand, a - vec un ri - re dé - li - cieux; très in - tel - li - gent; ses

yeux sont grands et bleus. Mon co - pain est drôle, et très sym - pa aus - si.

Il est vrai - ment fou, mais, ça, c'est mon a - mi! Tiens, tiens, tiens!

Qui est ton a - mi? Tiens, tiens, tiens! Est-ce qu'il est d'i - ci?

2. Tiens, tiens, tiens!
   Qui est ton amie?
   Tiens, tiens, tiens!
   Est-ce qu'elle est d'ici?
   Tiens, tiens, tiens!
   Comment s'appelle-t-elle?
   Tiens, tiens, tiens!
   Elle est vraiment belle!
   Elle est p'tite et belle, avec un esprit curieux;

Très intelligente; elle a de beaux cheveux.
Ma copine est drôle,
Et très sympa aussi.
Elle est vraiment folle,
Mais, ça, c'est mon amie!
Tiens, tiens, tiens!
Qui est ton amie?
Tiens, tiens, tiens!
Est-ce qu'elle est d'ici?

unité 2

j'écoute!

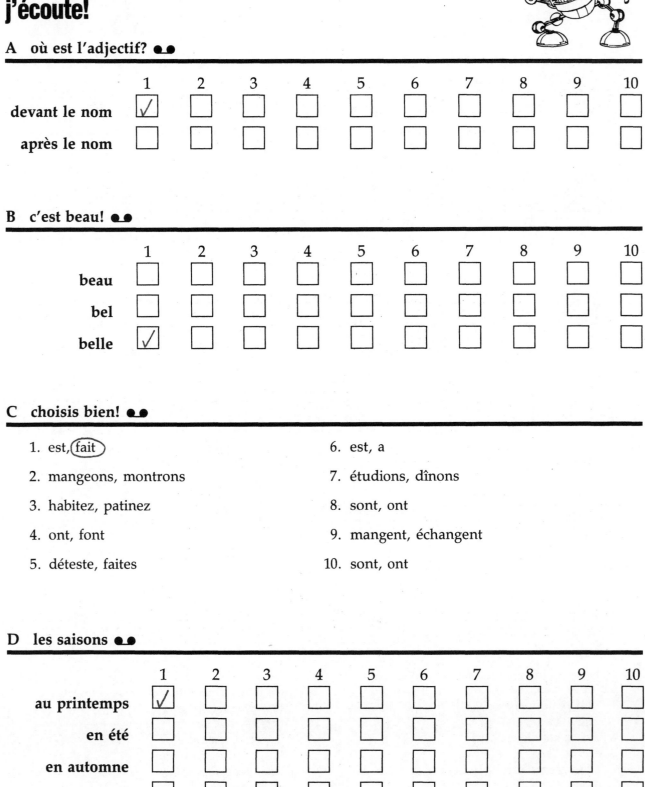

A   où est l'adjectif? ●●

	1	2	3	4	5	6	7	8	9	10
devant le nom	✓	☐	☐	☐	☐	☐	☐	☐	☐	☐
après le nom	☐	☐	☐	☐	☐	☐	☐	☐	☐	☐

B   c'est beau! ●●

	1	2	3	4	5	6	7	8	9	10
beau	☐	☐	☐	☐	☐	☐	☐	☐	☐	☐
bel	☐	☐	☐	☐	☐	☐	☐	☐	☐	☐
belle	✓	☐	☐	☐	☐	☐	☐	☐	☐	☐

C   choisis bien! ●●

1. est, (fait)
2. mangeons, montrons
3. habitez, patinez
4. ont, font
5. déteste, faites
6. est, a
7. étudions, dînons
8. sont, ont
9. mangent, échangent
10. sont, ont

D   les saisons ●●

	1	2	3	4	5	6	7	8	9	10
au printemps	✓	☐	☐	☐	☐	☐	☐	☐	☐	☐
en été	☐	☐	☐	☐	☐	☐	☐	☐	☐	☐
en automne	☐	☐	☐	☐	☐	☐	☐	☐	☐	☐
en hiver	☐	☐	☐	☐	☐	☐	☐	☐	☐	☐

Nom: _____

E les gagnants! ●●

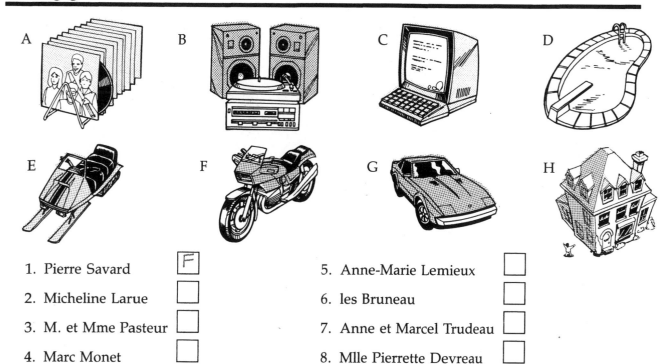

1. Pierre Savard F
2. Micheline Larue ☐
3. M. et Mme Pasteur ☐
4. Marc Monet ☐

5. Anne-Marie Lemieux ☐
6. les Bruneau ☐
7. Anne et Marcel Trudeau ☐
8. Mlle Pierrette Devreau ☐

F deux familles ●●

chez les Devreau   chez les Boudreau

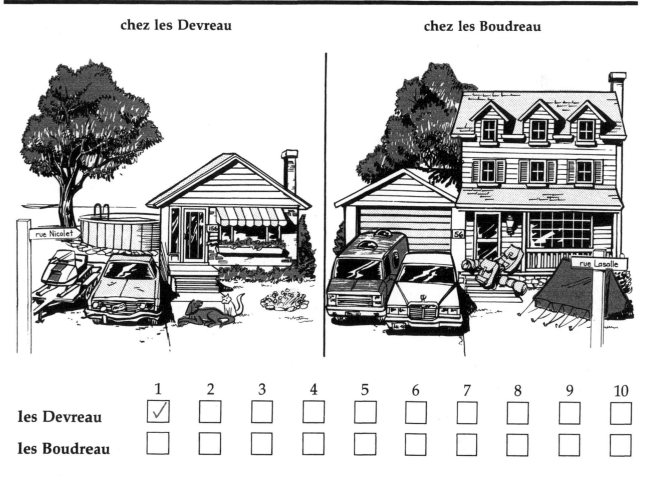

	1	2	3	4	5	6	7	8	9	10
les Devreau	✓	☐	☐	☐	☐	☐	☐	☐	☐	☐
les Boudreau	☐	☐	☐	☐	☐	☐	☐	☐	☐	☐

Nom: _____

G la lettre-cassette ●●

_____ , Marie! Je m'appelle Janine Charlebois. J'habite à Montréal. C'est ma

_____ lettre sur cassette. C'est une _____ idée, n'est-ce pas?

Moi, j'ai douze ans. J'habite dans un _____ appartement avec mes parents et mes deux

_____ . Le Québec est une _____ province! Il y a un _____

fleuve, de _____ villes et de grandes _____ .

_____ été, je _____ de la natation, et en _____ je _____

beaucoup.

Avec la cassette, il y a une photo de moi avec ma _____

Au _____ , Marie!

je prononce bien!

A chouette! ●●

	1	2	3	4	5	6	7	8	9	10
chez	☐	☐	☐	☐	☐	☐	☐	☐	☐	☐
jaune	☑	☐	☐	☐	☐	☐	☐	☐	☐	☐

B sensass! ●●

	1	2	3	4	5	6	7	8	9	10
oui	☑	☐	☐	☐	☐	☐	☐	☐	☐	☐
non	☐	☐	☐	☐	☐	☐	☐	☐	☐	☐

C la liaison ●●

1. un bon ami
2. un grand appartement
3. un petit enfant
4. un bel hiver
5. un bon ordinateur

6. de jolies autos
7. de beaux hôtels
8. de grands avions
9. de petits élèves
10. de bonnes idées

D encore! ●●

1. Quel temps fait-il en été?
2. Nous aimons ton ordinateur.
3. Nos amis font du ski en hiver.
4. C'est un très petit insecte!
5. Ses idées sont intéressantes!

6. Son ami est un bon élève.
7. Ils ont de beaux enfants.
8. Nous avons deux ordinateurs.
9. Mon anniversaire est en automne.
10. C'est un grand hôtel!

j'écris!

A choisis bien!

Est-ce **beau**, **bel**, **belle**, **beaux** ou **belles**?

1. Voilà une ___*belle*___ photo!
2. C'est un très _____ hôtel.
3. Il y a de _____ forêts près d'ici.
4. Michèle a de _____ posters.
5. Le Saint-Laurent est un _____ fleuve.
6. Les Mercier ont un _____ ordinateur.
7. Le printemps est une _____ saison.
8. Elle porte un _____ chapeau rouge.
9. Ce sont de _____ enfants.
10. Est-ce qu'il y a de _____ plages près de Moncton?

B et voilà!

Écris la forme correcte de l'adjectif. Attention à la position!

1. (intéressant) (une lettre) *Voilà une lettre intéressante* !
2. (joli) (un restaurant) *Voilà un joli restaurant* !
3. (beau) (une famille) *Voilà* _____ !
4. (nerveux) (un professeur) *Voilà* _____ !
5. (petit) (un gâteau) *Voilà* _____ !
6. (bleu) (une voiture) *Voilà* _____ !
7. (bon) (un dessert) *Voilà* _____ !
8. (canadien) (une ville) *Voilà* _____ !

Nom: _____

C les villes

Fais des phrases!

1. hôtels confortables/Toronto *Il y a des hôtels confortables à Toronto.*

2. belles statues/Paris *Il y a de belles statues à Paris.*

3. plages magnifiques/Vancouver _____

_____

4. grands magasins/Montréal _____

_____

5. jolies rues/Québec _____

_____

6. bons hôtels/Calgary _____

_____

7. restaurants fantastiques/Rome _____

_____

8. grandes banques/New York _____

_____

D quel verbe?

Complète avec la forme correcte du verbe **manger**, **échanger** ou **ranger**!

1. Nous _____ souvent des fruits de mer.

2. Les élèves de mon école _____ des photos.

3. Roger est occupé. Il _____ sa chambre.

4. Nous _____ la cuisine après le dîner.

5. Pourquoi est-ce que vous ne _____ pas votre salade?

6. Avec qui est-ce que tu _____ des lettres?

7. Je _____ mon sandwich maintenant.

8. Nous _____ toujours des magazines intéressants.

E les descriptions

Quelle est la saison? Quel temps fait-il? Qu'est-ce qu'ils font?

1. _____   2. _____

_____   _____

_____   _____

_____   _____

_____   _____

3. _____   4. _____

_____   _____

_____   _____

_____   _____

_____   _____

F numéro un!

Complète avec la forme correcte de l'adjectif **premier**!

1. Janvier est le *premier* mois de l'année.

2. «A» est la _____ voyelle de l'alphabet.

3. Lundi et mardi sont les _____ jours de la semaine.

4. Le petit déjeuner est le _____ repas de la journée.

5. «A, B, C» sont les _____ lettres de l'alphabet.

G questions personnelles

1. Quelle est ta saison favorite?

C'est _____

2. Qu'est-ce que tu fais en hiver?

Je _____

3. Quand est-ce que tu fais de la natation?

Je _____

4. Combien d'enfants est-ce qu'il y a dans ta famille?

Il y a _____

5. Qu'est-ce que tu aimes mieux, les fruits de mer ou les hamburgers?

J'aime mieux _____

Nom: _____

bon voyage!

A la géographie du Canada

Avec le bon numéro, identifie les éléments suivants!

[25] les États-Unis	☐ l'Île-du-Prince-Édouard	☐ la Colombie-Britannique
☐ le fleuve Saint-Laurent	☐ le lac Érié	☐ les Territoires du Nord-ouest
☐ le lac Ontario	☐ le Manitoba	☐ le golfe du Saint-Laurent
☐ le Nouveau-Brunswick	☐ l'océan Arctique	☐ le Québec
☐ le lac Michigan	☐ la baie James	☐ Terre-Neuve
☐ l'océan Atlantique	☐ la Nouvelle-Écosse	☐ la baie d'Hudson
☐ la Saskatchewan	☐ le lac Huron	☐ l'Alberta
☐ le lac Supérieur	☐ le Yukon	☐ l'Ontario
☐ l'océan Pacifique		

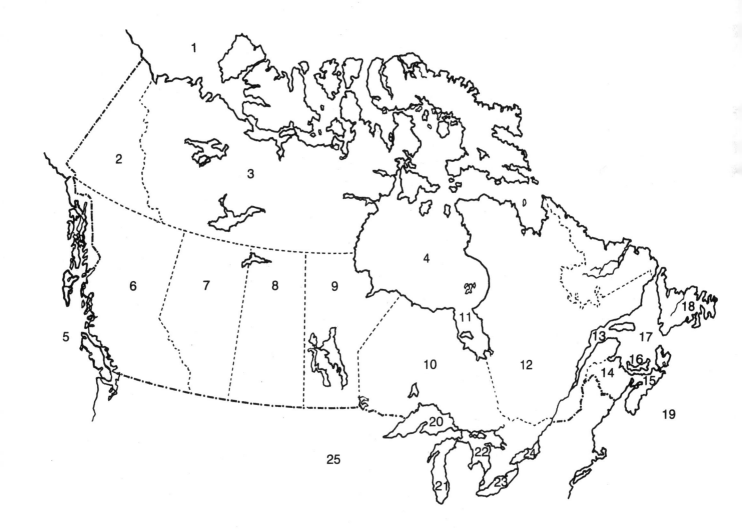

B trivia-Canada

Choisis A, B ou C!

1. La date de l'arrivée de Jacques Cartier au Canada:
   A 1492 **B** 1534 **C** 1650

2. La première ville permanente au Canada:
   A Québec **B** Montréal **C** Toronto

3. La date de la Confédération du Canada:
   A 1848 **B** 1912 **C** 1867

4. Le premier premier ministre du Canada:
   A Sir John A. MacDonald **B** Sir Wilfrid Laurier **C** Pierre Trudeau

5. La capitale du Canada:
   A Vancouver **B** Toronto **C** Ottawa

6. La plus grande province du Canada:
   A l'Ontario **B** le Québec **C** l'Alberta

7. La capitale de la province de Québec:
   A Montréal **B** Ottawa **C** Québec

8. Le sport national du Canada:
   A le hockey **B** le lacrosse **C** le baseball

9. Les couleurs du drapeau canadien:
   A bleu et blanc **B** bleu, blanc, rouge **C** rouge et blanc

10. L'emblème du drapeau canadien:
    A la feuille d'érable **B** la tulipe **C** le castor

petit vocabulaire

un castor	*beaver*
un drapeau	*flag*
une feuille d'érable	*maple leaf*
plus grande	*biggest*
un premier ministre	*prime minister*

C les nombres

les nombres cardinaux	les nombres ordinaux
un	premier
deux	deuxième
trois	troisième
quatre	quatrième
cinq	cinquième
six	sixième
sept	septième
huit	huitième
neuf	neuvième
dix	dixième

la journée des sports

Quel est l'ordre des dix premiers gagnants?

Marie-Claire: 35 points	1. _Marc est premier._
Richard: 32 points	2. _____
Janine: 28 points	3. _____
Marc: 36 points	4. _____
Pierrette: 30 points	5. _____
Henri: 33 points	6. _____
Marianne: 31 points	7. _____
Alain: 27 points	8. _____
Roger: 29 points	9. _____
Colette: 34 points	10. _____

D en français, s'il te plaît!

You are exchanging ''cassette letters'' with a student from Quebec. How would you...

1. introduce yourself?

2. describe yourself?

3. say how old you are?

4. say how many brothers and sisters you have?

5. say what city you live in?

6. describe your city?

7. say what your favourite season is?

8. say what you do during that season?

Nom: _____

Commençons la danse!

Mar-tin est un bon gar-çon très sa-ge, très sa-ge. Il a u-ne belle mai-son très

près de la pla-ge. Bon é-tu-diant, il est sé-rieux, mais à la danse, il est ner-veux.

Refrain Com-mençons la dan-se! Nous a-vons d'la chan-ce. Nous

é-cou-tons de belles chan-sons et nous a-vons de bonnes rai-sons. Chan-

tons! Mar-chons! Tour-nons! Dan-sons! C'est

la sai-son pour la dan-se!

2. Céline est une jeune fille
Agile, agile.
La première de sa famille,
En ville, en ville.
Quand elle écoute de la musique,
Elle danse, elle est fanatique!

3. «Salut, Martin! dit Céline,
Tu n'aimes pas la danse?»
«Moi, j'écoute la musique.»
«Commence! Commence!»
Et de huit heures jusqu'à minuit,
Ils tournent et dansent en bons amis.

unité 3

j'écoute!

A *affirmative* ou *négative?* ••

	1	2	3	4	5	6	7	8	9	10
affirmative	✓	☐	☐	☐	☐	☐	☐	☐	☐	☐
négative	☐	☐	☐	☐	☐	☐	☐	☐	☐	☐

B écoute bien! ••

	1	2	3	4	5	6	7	8	9	10
du	✓	☐	☐	☐	☐	☐	☐	☐	☐	☐
de (d')	☐	☐	☐	☐	☐	☐	☐	☐	☐	☐

C les goûters ••

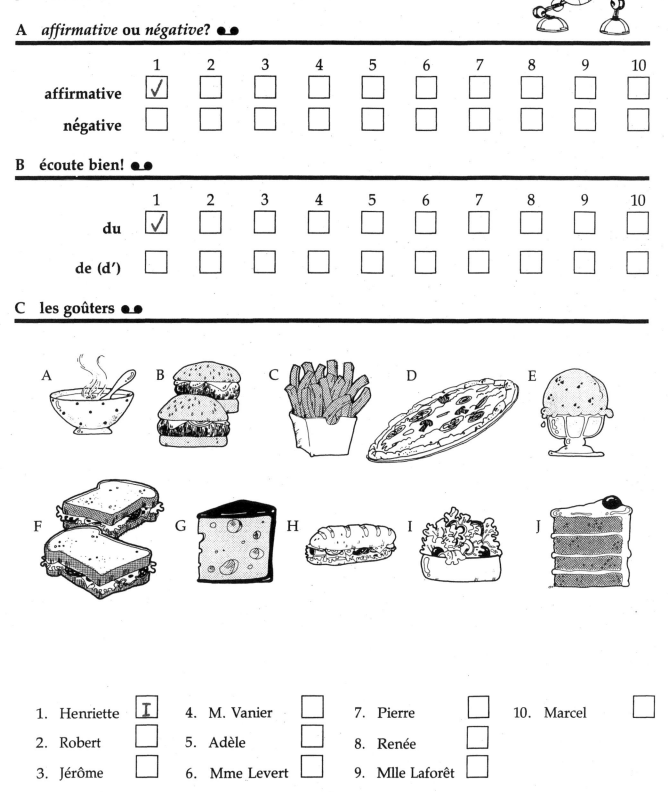

1. Henriette I   4. M. Vanier ☐   7. Pierre ☐   10. Marcel ☐

2. Robert ☐   5. Adèle ☐   8. Renée ☐

3. Jérôme ☐   6. Mme Levert ☐   9. Mlle Laforêt ☐

Nom: _____

	oui	non
1. du fromage	☐	☑
2. du pepperoni	☐	☐
3. des champignons	☐	☐
4. du rosbif	☐	☐
5. de la mayonnaise	☐	☐
6. de la moutarde	☐	☐
7. de la laitue	☐	☐
8. des tomates	☐	☐
9. du pain	☐	☐
10. de l'argent	☐	☐

E   les grands chefs ●●

	Monique	André	Lauraine	Denis	Richard
champignons	☐	☐	☐	☐	☐
fromage	☑	☐	☐	☐	☐
fruits de mer	☐	☐	☐	☐	☐
ketchup	☐	☐	☐	☐	☐
laitue	☐	☐	☐	☐	☐
mayonnaise	☐	☐	☐	☐	☐
moutarde	☐	☐	☐	☐	☐
oignon(s)	☑	☐	☐	☐	☐
pepperoni	☐	☐	☐	☐	☐
pommes de terre	☐	☐	☐	☐	☐
poulet	☑	☐	☐	☐	☐
tomate(s)	☑	☐	☐	☐	☐

F   à la pizzeria Roma ●●

MARIETTE – Alors, est-ce que je _____ une grande pizza ou une

_____ pizza?

PAULINE – Une grande pizza, _____ ! J'ai faim!

MARIETTE – Tu as _____ . Moi _____ , j'ai faim! Eh bien, qu'est-ce

que tu _____ sur ta pizza?

PAULINE – Du _____ , du pepperoni, des champignons…

MARIETTE – Ah non! Pas _____ champignons pour moi! Je n'aime pas les champignons!

PAULINE – Vraiment? Des oignons, _____ ?

MARIETTE – Tu _____ ! Pas _____ oignons pour moi!

PAULINE – Eh bien, est-ce que tu aimes les _____ ?

MARIETTE – Pas du _____ !

PAULINE – _____ , c'est le _____ !

je prononce bien!

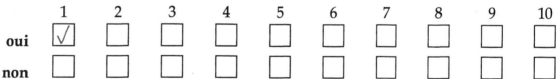

A   c'est sensass! ●●

	1	2	3	4	5	6	7	8	9	10
oui	☑	☐	☐	☐	☐	☐	☐	☐	☐	☐
non	☐	☐	☐	☐	☐	☐	☐	☐	☐	☐

B   choisis bien! ●●

	1	2	3	4	5	6	7	8	9	10
son	☑	☐	☐	☐	☐	☐	☐	☐	☐	☐
maison	☐	☐	☐	☐	☐	☐	☐	☐	☐	☐

C   c'est si bon! ●●

	1	2	3	4	5	6	7	8	9	10
oui	☐	☐	☐	☐	☐	☐	☐	☐	☐	☐
non	☑	☐	☐	☐	☐	☐	☐	☐	☐	☐

D les homonymes ●●

1. **ai**: être, et, été
2. **an**: Anne, un, en
3. **mois**: mais, moins, moi

4. **sûr**: soeur, sur, sous
5. **sont**: son, cent, chaud
6. **vers**: faire, vert, frère

7. **sans**: son, sensass, cent
8. **non**: nom, nous, nos

j'écris!

A qu'est-ce qu'il y a dans le frigo?

Est-ce qu'il y a...

1. du lait? _Oui, il y a du lait._
2. de la soupe? _Non, il n'y a pas de soupe._
3. du rosbif? _____
4. du pain? _____
5. de l'eau? _____
6. des champignons? _____
   _____
7. des tomates? _____
8. de la laitue? _____
9. de la mayonnaise? _____
   _____
10. des oignons? _____

B fais le choix!

Écris la forme correcte de **avoir faim**, **avoir soif**, **avoir de la chance** ou **avoir raison**!

1. Est-ce qu'il y a du jus? Mes copains _____ .
2. Les Mercier ont une piscine. Ils _____ , n'est-ce pas?
3. Non, merci. Pas d'eau pour moi. Je n' _____ pas _____ .
4. Garçon! Deux pizzas, s'il vous plaît! Nous _____ !
5. Grégoire _____ . Le test de sciences est très difficile!
6. À quelle heure est-ce que nous dînons? J' _____ !
7. Non, tu n' _____ pas _____ ! Deux et deux ne font pas cinq!
8. Tu habites près d'une plage? Tu _____ !

C mais non!

Réponds à chaque question à la négative!

1. Est-ce que tu as un ordinateur?

   Non, je n'ai pas d'ordinateur.

2. C'est une photo de ta ville?

   Non, ce n'est pas une photo de ma ville.

3. Tu as des idées?

   Non,

4. Ce sont des champignons?

   Non,

5. Est-ce qu'ils ont une voiture de sport?

   Non,

6. Il y a des fruits de mer pour le dîner?

   Non,

7. Est-ce que ta copine a un chien?

   Non,

8. Est-ce qu'il y a du gâteau sur le comptoir?

   Non,

9. Il y a une piscine chez les Nadeau?

   Non,

10. C'est de la mayonnaise?

    Non,

11. Est-ce que vous avez de la glace?

    Non,

12. Il y a de l'oignon sur la pizza?

    Non,

D les phrases bêtes

Corrige chaque phrase!

1. Ma copine mange un fleuve avec de la mayonnaise. _____
_____

2. Zut! Il n'y a pas de fromage pour ma lettre! _____
_____

3. Mon frère travaille dans un frigo après les classes. _____
_____

4. Je fais une statue avec du rosbif et de la mayonnaise. _____
_____

5. Nous avons faim! Qu'est-ce qu'il y a pour un champignon? _____
_____

6. Tu as raison. Le fromage, c'est de la viande. _____
_____

7. Une salade sans insectes, ce n'est pas une salade! _____
_____

8. Est-ce qu'il y a de la soupe dans la piscine? _____
_____

9. Il fait de la natation en été parce qu'il fait froid. _____
_____

10. Est-ce que vous échangez souvent des oignons? _____
_____

E   les questions

Pose une question pour chaque réponse! Choisis une des expressions suivantes!

| est-ce que | qu'est-ce que | à quelle heure | où |

1. – *Est-ce que tu as faim ?* _____
   – Oui, j'ai faim!

2. – _____
   – La moutarde est dans le frigo.

3. – _____
   – Non, il n'y a pas de pain.

4. – _____
   – Le dîner est à six heures.

5. – _____
   – Je fais une pizza.

6. – _____
   – Ah oui! J'aime beaucoup les tomates.

7. – _____
   – Il y a du gâteau et de la glace pour le dessert.

8. – _____
   – Non, ce ne sont pas des oignons.

F   un dialogue fou!

Mets le dialogue dans le bon ordre!

[ ] – Bon, vas-y!

[ ] – Du fromage et des champignons.

[ ] – Quoi? Pas de pepperoni! Il y a des tomates?

[ ] – Je regrette, mais il n'y a pas de pepperoni.

[ ] – Est-ce que tu as faim?

[ ] – Dommage, mais il n'y a pas de champignons.

[ ] – Du pepperoni, alors.

[ ] – Et comment!

[12] – Ça, c'est le comble!

[ ] – Alors, je fais une pizza!

[ ] – Un instant… Non, pas de tomates.

[ ] – Qu'est-ce que tu aimes sur ta pizza?

bon voyage!

A c'est combien?

► – C'est combien un kilo de beurre?
  – C'est deux dollars cinquante cents le kilo.

► – C'est combien un litre de miel?
  – C'est un dollar soixante-dix-huit cents le litre.

SUPERMARCHÉ BONDIL

BEURRE $2.50/kg

MIEL $1.78/L

SUCRE   99¢/kg

FARINE $1.69/kg

BEURRE D'ARACHIDES $3.29/kg

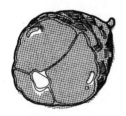

JAMBON $4.33/kg

CONFITURE $2.89/L

POMMES $1.49/kg

ORANGES $2.26/kg

LIMONADE   75¢/L

Nom: _____

B au contraire!

Compose des phrases négatives!

1. de la neige à Miami

   Il n'y a pas de neige à Miami.

2. du fromage sur la lune

   _____

3. des igloos à Tahiti

   _____

4. des astronautes sur le soleil

   _____

5. une plage dans la cuisine

   _____

6. un océan dans le désert

   _____

7. des classes samedi et dimanche

   _____

8. un volant sur une bicyclette

   _____

9. de l'oignon dans un gâteau

   _____

10. des baleines dans la jungle

   _____

petit vocabulaire

une baleine	*whale*
la lune	*moon*
le soleil	*sun*
un volant	*steering wheel*

C mots cachés: la nourriture

```
F  I  B  S  O  R  D  B  U  E
F  R  I  T  E  S  U  A  D  S
P  E  J  U  S  A  P  N  P  I
E  R  S  O  E  N  A  A  T  A
C  H  A  M  P  I  G  N  O  N
T  I  N  L  V  E  O  E  A  N
E  E  D  S  A  P  U  S  S  O
L  N  W  D  W  U  T  I  T  Y
U  P  I  C  H  O  E  I  L  A
O  A  C  S  M  S  R  O  A  M
P  I  H  A  C  O  C  A  I  L
U  N  T  E  C  A  L  G  T  S
M  E  G  A  M  O  R  F  U  A
R  I  G  A  T  E  A  U  E  N
```

_____ ✓ _____ bananes
_____ champignon
_____ coca
_____ eau
_____ frites
_____ fromage
_____ gâteau
_____ glace
_____ goûter
_____ jus
_____ lait
_____ laitue
_____ mayonnaise
_____ pain
_____ poulet
_____ rosbif
_____ sandwich
_____ soupe
_____ toast
_____ tomate
_____ viande

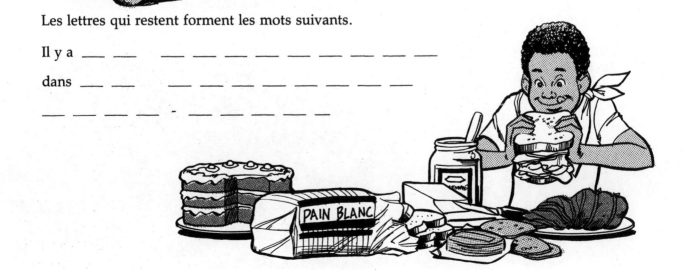

Les lettres qui restent forment les mots suivants.

Il y a __ __   __ __ __ __ __ __ __ __

dans __ __   __ __ __ __ __ __ __ __

__ __ __ __ __ - __ __ __ __ __

Nom: _____

D le jeu des mots

Combien de mots est-ce que tu es capable de former?

Modèle: LAITUE ___LA, AI, LAIT, TU_____

1. MADEMOISELLE _____

2. AUJOURD'HUI _____

3. FANTASTIQUE _____

4. CONFORTABLE _____

5. CAMIONNETTE _____

6. MOTONEIGE _____

7. ANNIVERSAIRE _____

8. NATURELLEMENT _____

E en français, s'il te plaît!

Your mother is going to the grocery store and you are checking to see what items she needs to buy. How would you...

1. *say that there isn't any bread for your lunch?*

2. *say that there isn't any mayonnaise in the fridge?*

3. *tell her that there are onions and tomatoes, but that there aren't any mushrooms?*

4. *say that there isn't any cheese for the pizza?*

5. *say that there isn't any cake for dessert?*

Joie de vivre!

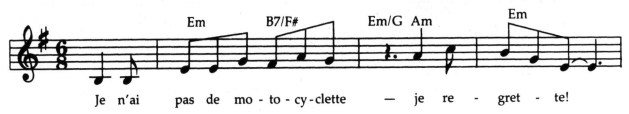

Je n'ai pas de mo-to-cy-clette — je re - gret - te!

Je n'ai pas de voi-ture de sport — zut, a - lors!

Je ne suis pas con-duc-teur, je n'ai pas d'cy-clo-mo-teur.
Je n'ai pas d'ar-gent pour faire des voy - a - ges en hi - ver.

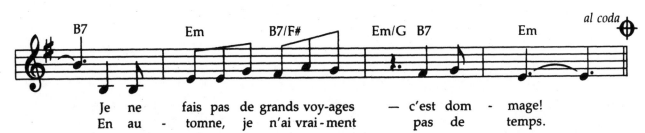

Je ne fais pas de grands voy-ages — c'est dom - mage!
En au - tomne, je n'ai vrai-ment pas de temps.

Je ne vais pas à Pa - ris, au prin - temps.

Je ne vais pas au cha - let, en é - té.

Nom: _____

(Joie de vivre!)

coda ⊕

Mais... j'ai de la joie de vi - vre!

J'ai de la joie, mes a - mis!

J'ai de la chance, du cou - rage, de la con-

fiance! J'ai de la joie, mes a - mis!

2. Je ne suis pas journaliste ou artiste.
   Je n'suis pas toujours sensass dans la classe.
   Je ne suis pas médecin, je ne suis pas comédien.
   Je ne suis pas fantastique en musique.

   Je ne porte pas de chemises de Paris.
   Je n'écoute pas de musique ultra-chic.
   Je n'ai pas de télécouleur, je n'ai pas d'ordinateur.
   Je n'ai pas de grande maison, oh non, non!

   Mais... j'ai de la joie de vivre!
   J'ai de la joie, mes amis!
   J'ai de la chance, du courage, de la confiance!
   J'ai de la joie, mes amis!

que sais-je? (1-3)

j'écoute!

A   ah, les adjectifs! ●●

	1	2	3	4	5	6	7	8	9	10
masculin	☐	☐	☐	☐	☐	☐	☐	☐	☐	☐
féminin	☐	☐	☐	☐	☐	☐	☐	☐	☐	☐

B   les descriptions ●●

C   les questions ●●

1. A C'est une lettre.
   B C'est le professeur de français.
   C Ce sont des champignons.

2. A C'est le Château Frontenac.
   B C'est jeudi.
   C C'est beau.

3. A Après les classes.
   B M. Dubé.
   C À Moncton.

4. A Elle est petite.
   B Elle a faim.
   C Elle a treize ans.

5. A Il fait ses devoirs.
   B Il pleut.
   C Il fait une pizza.

6. A Je patine.
   B Tu fais du ski.
   C Il fait froid.

7. A Oui, il a des photos.
   B Oui, il a une moto.
   C Non, ce sont des photos.

8. A La mayonnaise est sur le comptoir.
   B Non, c'est de la moutarde.
   C Oui, c'est de la viande.

9. A Le frigo est dans la cuisine.
   B Non, il n'y a pas de frigo.
   C Il y a du lait et de la glace.

10. A À Timmins.
    B À cinq heures.
    C Dans la salle à manger.

D   ma copine ●●

1. Denise est pénible.   V   F

2. Elle a les cheveux bruns.   V   F

3. Elle a treize ans.   V   F

4. Elle habite dans une maison blanche.   V   F

5. Elle n'a pas de frères.   V   F

6. Elle adore les comédies.   V   F

7. Elle déteste les partys.   V   F

8. En hiver, elle fait du camping.   V   F

9. Elle dîne souvent chez Sylvie.   V   F

10. Elle est une bonne copine.   V   F

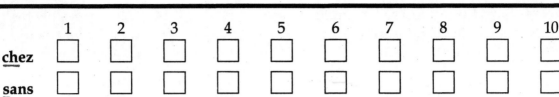

je prononce bien!

A écoute bien! ●●

	1	2	3	4	5	6	7	8	9	10
<u>ch</u>ez	☐	☐	☐	☐	☐	☐	☐	☐	☐	☐
<u>s</u>ans	☐	☐	☐	☐	☐	☐	☐	☐	☐	☐

B ça rime! ●●

	1	2	3	4	5	6	7	8	9	10
m<u>on</u>	☐	☐	☐	☐	☐	☐	☐	☐	☐	☐
d<u>an</u>s	☐	☐	☐	☐	☐	☐	☐	☐	☐	☐

C *oui* ou *non*? ●●

	1	2	3	4	5	6	7	8	9	10
oui	☐	☐	☐	☐	☐	☐	☐	☐	☐	☐
non	☐	☐	☐	☐	☐	☐	☐	☐	☐	☐

D les consonnes finales ●●

1. petite	6. brune
2. intelligent	7. blanc
3. contente	8. bon
4. grand	9. nerveuse
5. intéressante	10. gris

E la liaison ●●

1. C'est une bonne idée!

2. Leurs enfants ont de jolis amis.

3. Ils habitent dans un grand appartement.

4. Nous avons deux ordinateurs.

5. Quel temps fait-il en automne?

Nom: _____

j'écris!

A choisis bien!

Choisis A, B ou C!

☐ 1. Devant le nom **hôtel**, la forme correcte de l'adjectif **beau**, c'est...
    A belle   **B** bel   **C** beau

☐ 2. Le mois d'avril, c'est...
    A en hiver   **B** en automne   **C** au printemps

☐ 3. Moncton est...
    A une ville   **B** une province   **C** un fleuve

☐ 4. Devant le nom **amis**, la forme correcte de l'adjectif **beau**, c'est...
    A bel   **B** belles   **C** beaux

☐ 5. Le pluriel de **je mange**, c'est...
    A vous mangez   **B** nous mangeons   **C** ils mangent

☐ 6. La forme correcte de l'article partitif devant le nom **mayonnaise**, c'est...
    A de la   **B** du   **C** de l'

☐ 7. Le pluriel de **c'est**, c'est...
    A ils sont   **B** ce n'est pas   **C** ce sont

☐ 8. À la négative, la phrase **Il y a de la laitue.** c'est...
    A Oui, il y a de la laitue.   **B** Il n'y a pas de laitue.   **C** Ce n'est pas de la laitue.

☐ 9. Si tu manges du rosbif, tu manges...
    A de la viande   **B** du poulet   **C** un dessert

☐ 10. Le contraire de **aimer**, c'est...
    A adorer   **B** travailler   **C** détester

B situations / réactions

Choisis une réaction pour chaque situation!

☐ 1. «Tu aimes le rosbif?»

☐ 2. «Zut! Il n'y a pas de ketchup pour mes frites!»

☐ 3. «Il fait beau aujourd'hui, n'est-ce pas?»

☐ 4. «Moi, j'adore la géographie!»

☐ 5. «Tu étudies encore?»

☐ 6. «Pourquoi est-ce que tu es nerveux?»

☐ 7. «Au revoir, les élèves!»

☐ 8. «Alors, je commande une pizza de luxe?»

☐ 9. «Tiens! Voilà le professeur d'anglais!»

☐ 10. «Tu fais souvent du camping?»

A «Ah non! Ça, c'est le comble!»

B «Quoi?! C'est une matière difficile!»

C «Pas du tout! Je déteste la viande!»

D «Parce que c'est mon premier match de football!»

E «Bonne idée! J'ai faim!»

F «Et comment! J'ai deux tests demain!»

G «Oui, il est sympa, n'est-ce pas?»

H «À la prochaine, mademoiselle!»

I «Tu es fou? Moi, je déteste les insectes!»

J «Tu plaisantes! Il pleut!»

C voilà les adjectifs!

Écris la forme correcte de l'adjectif indiqué. Attention à la position!

1. blanc/une maison   _C'est_
2. gris/des souliers   _Ce sont_
3. délicieux/une salade   _C'est_
4. bon/des idées   _Ce sont_
5. beau/un appartement   _C'est_
6. grand/des fleuves   _Ce sont_
7. canadien/une ville   _C'est_
8. favori/mes photos   _Ce sont_

D au contraire!

Réponds à chaque question à la négative!

1. Est-ce que c'est un hôtel?

   Non, _____

2. Est-ce que tu as une moto?

   Non, _____

3. Il y a du pain sur la table?

   Non, _____

4. Ce sont des magazines?

   Non, _____

5. Est-ce que tu as de l'argent?

   Non, _____

E quel article?

Est-ce **du**, **de la**, **de l'**, **de** ou **d'**?

1. Ce n'est pas _____ fromage.
2. J'aime _____ mayonnaise sur mon rosbif.
3. Il n'y a pas _____ champignons dans le frigo.
4. Marie a toujours _____ argent.
5. Il n'y a pas _____ oignons dans la salade.

F je sais les verbes!

Écris la forme correcte du verbe indiqué!

1. (faire) Est-ce que vous _____ souvent de la natation?

2. (dîner) Il ne _____ pas chez les Renaud.

3. (patiner) Où est-ce que tu _____ ?

4. (avoir) Ils n' _____ pas raison.

5. (détester) Je _____ les salades sans tomates.

6. (manger) Nous _____ une tourtière délicieuse!

7. (travailler) Quand est-ce que vous _____ ?

8. (être) Comment _____ la ville de Québec?

9. (échanger) Elles _____ toujours des lettres.

10. (faire) Quel temps _____-il?

G la conversation

Complète le dialogue!

| belle | qu'est-ce que c'est | bons | hôtel | grand |
| voici | de | comment | plaisantes | ça |

– _____ mes photos de Québec!

– Oh là là! C'est une très _____ ville!

– Et _____ ! Il y a de très _____ restaurants.

– Tiens! _____ ?

– _____ , c'est notre _____ , le Château Frontenac.

– Il est _____ !

– Oui, mais il n'y a pas _____ piscine.

– Tu _____ !

unité 4

j'écoute!

A   écoute bien! ●●

	1	2	3	4	5	6	7	8	9	10
à	☐	☐	☐	☐	☐	☐	☐	☐	☐	☐
au	☑	☐	☐	☐	☐	☐	☐	☐	☐	☐

B   choisis bien! ●●

	1	2	3	4	5	6	7	8	9	10
au	☐	☐	☐	☐	☐	☐	☐	☐	☐	☐
à la	☑	☐	☐	☐	☐	☐	☐	☐	☐	☐
à l'	☐	☐	☐	☐	☐	☐	☐	☐	☐	☐

C   *singulier* ou *pluriel*? ●●

	1	2	3	4	5	6	7	8	9	10
singulier (au, à la, à l')	☑	☐	☐	☐	☐	☐	☐	☐	☐	☐
pluriel (aux)	☐	☐	☐	☐	☐	☐	☐	☐	☐	☐

D   où sont-ils? ●●

1	2	3	4	5	6	7	8	9	10
G	☐	☐	☐	☐	☐	☐	☐	☐	☐

A au bureau de poste	**F** à la maison
B au restaurant	**G** à la librairie
C au magasin de disques	**H** au cinéma
D au magasin de sports	**I** à la boulangerie
E à la banque	**J** au grand magasin

E *vrai* ou *faux*? ●●

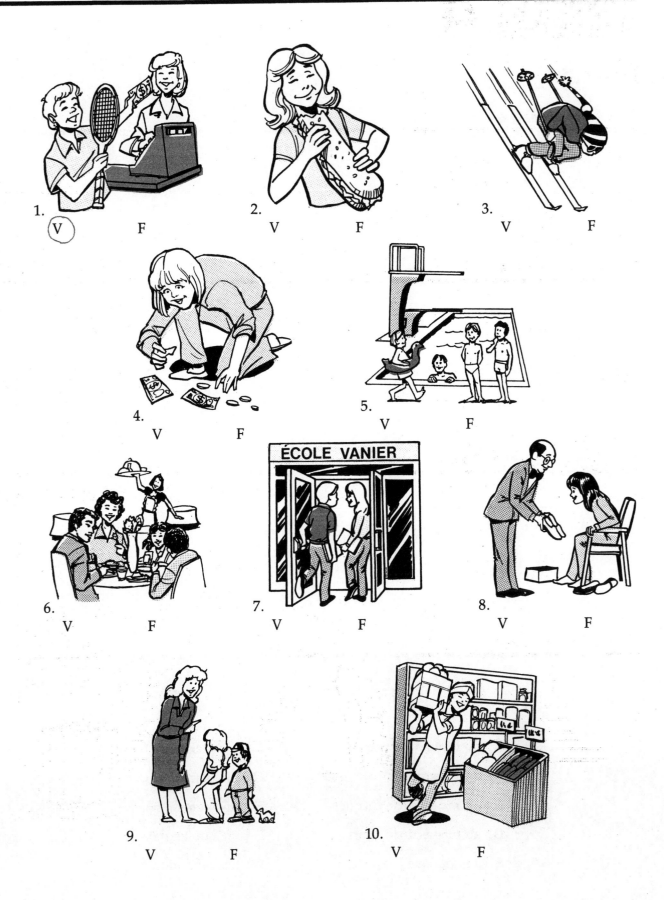

1. (V)   F

2. V   F

3. V   F

4. V   F

5. V   F

ÉCOLE VANIER

6. V   F

7. V   F

8. V   F

9. V   F

10. V   F

F ah, les verbes! ●●

1. (fait) faites

2. achetez, achètent

3. font, faisons

4. cherches, cherchez

5. montrons, montrez

6. donnent, donnez

7. est, êtes

8. achetons, achète

9. avez, as

10. a, avons

G les achats de Micheline ●●

Samedi matin je fais des _____ au Centre Desjardins. D' _____ ,

j' _____ des _____ à la _____ . J'aime

ça! J'ai un match de tennis jeudi, alors je _____ une _____

raquette de tennis au _____ de sports. À la _____ ,

je _____ des livres intéressants. Après ça, j'ai faim, alors je _____

des frites _____ restaurant. À la _____ , j'achète un gâteau pour

mon frère. C'est son anniversaire demain! À côté de la boulangerie, il y a un _____

de poste. J'achète des timbres. _____ , je rentre chez moi!

je prononce bien!

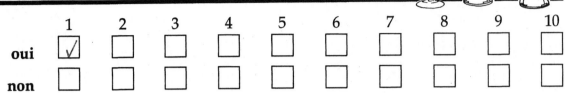

A oui ou non? ●●

	1	2	3	4	5	6	7	8	9	10
oui	✓	☐	☐	☐	☐	☐	☐	☐	☐	☐
non	☐	☐	☐	☐	☐	☐	☐	☐	☐	☐

B mais pourquoi? ●●

	1	2	3	4	5	6	7	8	9	10
oui	✓	☐	☐	☐	☐	☐	☐	☐	☐	☐
non	☐	☐	☐	☐	☐	☐	☐	☐	☐	☐

C choisis bien! ●●

	1	2	3	4	5	6	7	8	9	10
<u>c</u>arte	☐	☐	☐	☐	☐	☐	☐	☐	☐	☐
<u>c</u>inéma	✓	☐	☐	☐	☐	☐	☐	☐	☐	☐

D la même chose! ●●

1. <u>nouvel, nouvelle</u>
2. donner, donnez
3. enfin, enfant
4. j'ai, chez
5. leur, l'heure
6. glace, classe
7. faites, fête
8 faim, vingt
9. trouve, trouvent
10. gâteau, cadeau

Nom: _____

j'écris!

A les achats

Complète les phrases avec le verbe **acheter** et la bonne forme de l'adjectif **nouveau**!

1. Michel _achète_ un _nouveau_ disque.

2. Les enfants _____ de _____ jeans.

3. Maman _____ une _____ raquette de tennis.

4. J'_____ de _____ souliers.

5. Les Leriche _____ de _____ autos.

6. Est-ce que tu _____ un _____ ordinateur?

7. Nous _____ de _____ cassettes.

8. Pourquoi est-ce que vous _____ un _____ stéréo?

B les conversations

1. Marcel ☎ Henri _Marcel téléphone à Henri._

2. Suzanne ☎ Pierrette _____

3. Nicole ☎ Richard _____

4. Mme Savard ☎ M. Piché _____

5. Henriette ☎ sa copine _____

6. Denis ☎ son père _____

C la journée de Martin

Complète avec **à**, **au**, **à la**, **à l'** ou **aux**!

D'habitude, j'arrive _____ école à huit heures et demie et je parle _____ mes

copains dans la cour. _____ neuf heures, j'ai ma classe de français. Je montre mes

devoirs _____ professeur. À midi, je mange _____ cafétéria et après, j'étudie

_____ bibliothèque.

Après les classes, je rentre _____ maison ou je fais des achats _____

magasins près de l'école. Après le dîner, je téléphone _____ mon copain Jules et je

regarde des émissions _____ télé.

Et voilà ma journée!

D les arrivées

Fais des phrases avec le verbe **arriver**!

1. François/banque/ *François arrive à la banque à une heure.*

2. M. Renoir/grand magasin/ *M. Renoir*

3. Chantal/pharmacie/ *Chantal*

4. Les enfants/école/ *Les enfants*

5. Leurs parents/épicerie/ *Leurs parents*

E ça parle et ça parle!

Utilise le verbe **parler**!

1. Le professeur/élèves *Le professeur parle aux élèves.*

2. Pauline/dentiste _____

3. Mlle Monet/employé _____

4. Les filles/artistes _____

5. Les parents/directrice _____

F au centre d'achats

Où est-ce que Mme Verlaine fait des achats?

1. Elle achète *au magasin de disques.*

2. Elle achète _____

3. Elle achète  _____

4. Elle achète _____

5. Elle achète  _____

6. Elle achète  _____

7. Elle achète _____

8. Elle achète _____

Nom: _____

bon voyage!

A les anagrammes: au centre d'achats

Au centre d'achats, il y a...

une MEAPHRICA ⎯ $\underset{1}{\quad}$ ⎯ ⎯ ⎯ ⎯ ⎯ $\underset{2}{\quad}$ ⎯ ⎯ ⎯ ⎯

un RARASTUTEN ⎯ ⎯ ⎯ $\underset{3}{\quad}$ ⎯ ⎯ ⎯ ⎯ ⎯ ⎯

une ABIGLEERONU ⎯ ⎯ ⎯ ⎯ ⎯ ⎯ ⎯ ⎯ $\underset{4}{\quad}$ ⎯

un GOMISSTERPANDAS ⎯ ⎯ ⎯ ⎯ $\underset{5}{\quad}$ ⎯ ⎯ ⎯ ⎯ ⎯ ⎯ ⎯ $\underset{6}{\quad}$

une IBARIRIEL ⎯ ⎯ ⎯ ⎯ ⎯ ⎯ ⎯ $\underset{7}{\quad}$ ⎯

une ICREEPIE ⎯ ⎯ ⎯ ⎯ $\underset{8}{\quad}$ $\underset{9}{\quad}$ ⎯ ⎯

un AMNICE ⎯ ⎯ ⎯ $\underset{10}{\quad}$ ⎯ ⎯

et une $\underset{1}{\;}$ $\underset{2}{\;}$ $\underset{3}{\;}$ $\underset{4}{\;}$ $\underset{5}{\;}$ $\underset{6}{\;}$ $\underset{7}{\;}$ $\underset{8}{\;}$ $\underset{9}{\;}$ $\underset{10}{\;}$!

B où est-ce que tu achètes...

une montre? ► J'achète une montre à la bijouterie.

des chocolats?

des souliers?

une plante?

de la viande?

une table et
des chaises?

la bijouterie   la boutique de fleuriste   la confiserie

le magasin de meubles   le magasin de chaussures   la boucherie

50

C d'une langue à l'autre

anglais   français

pharmacy ──────→ la pharmacie

Quels sont les équivalents français pour les noms anglais suivants?

1. artillery _l'artillerie_

2. astrology _l'_

3. astronomy _l'_

4. biography _la_

5. biology _la_

6. flattery _la_

7. machinery _la_

8. philosophy _la_

9. photography _la_

10. technology _la_

D r.s.v.p!

Trouve la bonne réponse à chaque question!

les questions

ANDRÉ – Salut! Ça va?

CÉCILE – Quel temps fait-il?

LOUISE – Qu'est-ce que tu as là?

MARCEL – Quand est-ce que tu arrives chez moi?

GEORGES – Tu aimes ton cadeau?

les réponses

ROSALIE – Ah oui! Il est sensass!

SUZANNE – Vers cinq heures.

LOUIS – Pas mal. Et toi?

SIMON – C'est le nouveau disque de Colette Canari!

HENRIETTE – Il pleut!

qui parle à qui?

1. André _parle à Louis._

2. Cécile _____

3. Louise _____

4. Marcel _____

5. Georges _____

E en français, s'il te plaît!

Your friend is looking for a birthday gift for his or her sister and wants your advice.
How would you ask...

1. *when her birthday is?*

2. *how old she is?*

3. *how much money your friend has?*

4. *what your friend's sister likes?*

5. *if she plays tennis?*

6. *if she likes candy? T-shirts? music?*

7. *if she has a tape recorder or a record player?*

8. *if she has Roc LeRoc's new record?*

Vive vendredi!

«Il est huit heures, et qu'est-ce que tu fais?» «Je

fais le pe-tit dé-jeu - ner et du ca - fé au lait. C'est pour mes soeurs — oh,

elles sont si folles! Puis, nous marchons, nous par - lons, nous

jou - ons et en - fin nous ar - ri - vons — à l'é - cole.»

2. «Il est trois heures, et qu'est-ce que tu fais?»
   «Je parle au professeur. Il dit, «Attention, s'il te plaît!
   Travaille ce soir! Voici tes devoirs:
   Musique, mathématiques,
   Français, anglais, dessin, géographie —
   Et histoire.»

3. «Il est cinq heures. Où est-ce que tu vas?»
   «Je vais en ville avec un ami au centre d'achats.
   C'est amusant, nous passons le temps,
   Nous regardons, nous marchons,
   Mais nous ne faisons pas d'achats. Pourquoi? —
   Pas d'argent!»

4. «Il est six heures. Que fais-tu maintenant?»
   «Je dîne avec mes soeurs. Mon père dit, «Mangez lentement!
   Faites vos devoirs — pas de comédies!»
   Nous travaillons, nous lisons,
   Mais toute la semaine nous attendons —
   Vendredi!»

unité 5

j'écoute!

A vas-y! ●●

	1	2	3	4	5	6	7	8	9	10
vais	☐	☐	☐	☐	☐	☐	☐	☐	☐	☐
va	☑	☐	☐	☐	☐	☐	☐	☐	☐	☐
vont	☐	☐	☐	☐	☐	☐	☐	☐	☐	☐

B *singulier* ou *pluriel?* ●●

	1	2	3	4	5	6	7	8	9	10
singulier	☐	☐	☐	☐	☐	☐	☐	☐	☐	☐
pluriel	☑	☐	☐	☐	☐	☐	☐	☐	☐	☐

C choisis bien! ●●

	1	2	3	4	5	6	7	8	9	10
sont	☐	☐	☐	☐	☐	☐	☐	☐	☐	☐
ont	☐	☐	☐	☐	☐	☐	☐	☐	☐	☐
font	☐	☐	☐	☐	☐	☐	☐	☐	☐	☐
vont	☑	☐	☐	☐	☐	☐	☐	☐	☐	☐

D bon voyage! ●●

1. Pierrette ☐I   4. Marc et Pierre ☐   6. Lise et Marie ☐   8. Mlle Vanier ☐

2. Daniel ☐   5. les Morin ☐   7. Mme Benoît ☐   9. Anne et Paul ☐

3. Marcelle ☐   10. M. Caron ☐

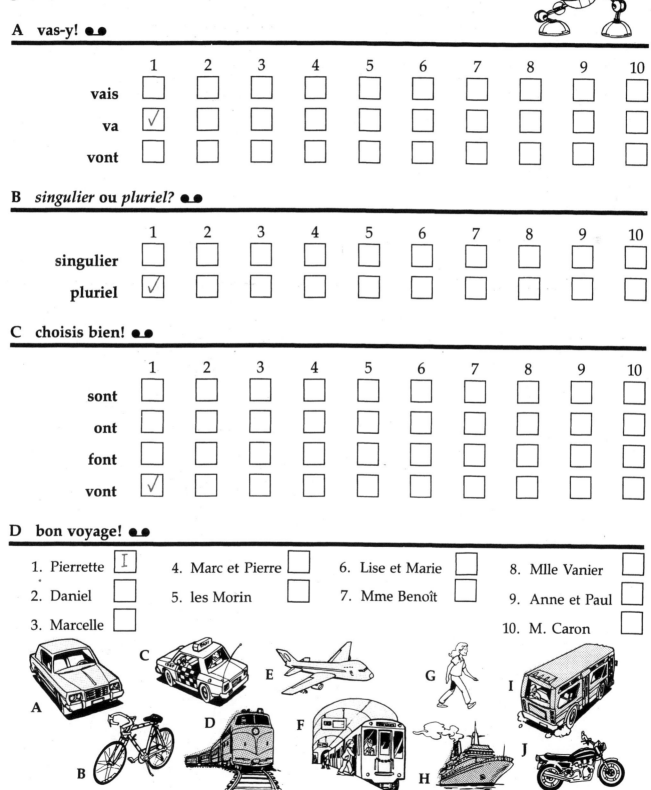

E qu'est-ce que c'est? ●●

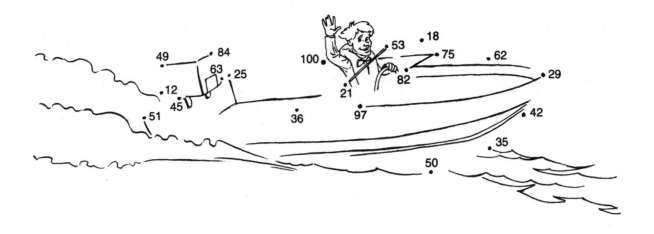

Qu'est-ce que c'est? C'est un _____ !

F les diapositives de Daniel ●●

G   les vacances de Georgette ●●

Lundi, j'arrive _____ _____ à l' _____ de Dorval. Il fait très

beau. Je _____ à l'hôtel _____ _____ .

Mardi, je trouve une banque au Centre Desjardins. J'_____ des cadeaux et un

_____ sur Montréal. Je rentre à l'hôtel _____ _____ .

Mercredi, je vais chez le _____ _____ _____ .

Après, je vais au cinéma. J'_____ vais _____ _____ .

Jeudi, je visite des amis. Nous _____ au restaurant _____ _____ .

Vendredi, je rentre chez moi. C'est dommage! J'aime _____ la ville

de Montréal!

je prononce bien!

A   écoute bien! ●●

	1	2	3	4	5	6	7	8	9	10
oui	✓	☐	☐	☐	☐	☐	☐	☐	☐	☐
non	☐	☐	☐	☐	☐	☐	☐	☐	☐	☐

B   choisis bien! ●●

	1	2	3	4	5	6	7	8	9	10
oui	☐	☐	☐	☐	☐	☐	☐	☐	☐	☐
non	✓	☐	☐	☐	☐	☐	☐	☐	☐	☐

C   les voyelles nasales ●●

1. **maman**: papa, (enfant,) copain, bon

2. **content**: bonbon, Alain, brun, intelligent

3. **maison**: éléphant, saison, bonne, fromage

4. **enfin**: avant, raison, piscine, demain

5. **Lebrun**: trente et un, devant, salut, professeur

6. **devant**: patin, parents, banane, Gaston

Nom: _____

D les accents et la cédille ●●

Exemples: occupé ————→ l'accent aigu   être ————→ l'accent circonflexe

voilà ————→ l'accent grave   ça ————→ la cédille

1. aéroport
2. dıner
3. tourtiere

4. garcon
5. bientot
6. epicerie

7. francais
8. eleve
9. voila
10. foret

j'écris!

A beaucoup de questions!

Complète la conversation avec la forme correcte du verbe **aller**!

–Où est-ce que tu _____ en juillet?

–Je _____ à Montréal avec mes parents.

–Comment est-ce que vous y _____ ?

–Nous y _____ en avion.

–Est-ce que ton frère y _____ aussi?

–Non, il _____ à Vancouver avec ses copains. Ils y _____ à moto.

–Quand est-ce qu'ils y _____ ?

–Le deux juillet.

B où ça?

Complète avec **chez**, **à**, **au**, **à la**, **à l'** ou **aux**!

1. Nous allons _chez_ le coiffeur samedi.

2. Quand est-ce qu'ils vont _____ magasins de la rue Bernier?

3. Marc est _____ le dentiste.

4. Il arrive _____ aéroport à onze heures.

5. Qui va _____ banque aujourd'hui?

6. Est-ce que vous allez _____ bureau de poste bientôt?

7. Quand est-ce que tu arrives _____ moi?

8. Ils vont toujours _____ Miami en hiver.

Nom: _____

C on y va!

1. je / centre d'achats / pharmacie: *Je vais au centre d'achats, mais je ne vais pas à la pharmacie.*

2. Marianne / Moncton / plage: _____

3. nous / aéroport / restaurant: _____

4. elles / banque / supermarché: _____

5. ils / école / bibliothèque: _____

6. je / Montréal / Centre Desjardins: _____

D les légendes

1. 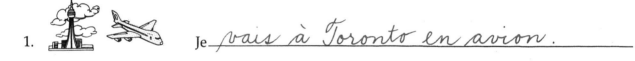 Je *vais à Toronto en avion.*

2.  Ils _____

3.  Tu _____

4.  Nous _____

5.  Il _____

6.  Elle _____

7. Vous _____

8.  Je _____

E les réponses

Réponds à chaque question! Utilise l'expression **y**!

1. Est-ce que tu vas à l'école? *Oui, j'y vais.*

2. Est-ce que papa va au bureau? *Oui,*

3. Tu vas chez le coiffeur? *Oui,*

4. Ils vont à Hamilton? *Oui,*

5. Vous allez chez André? *Oui,*

6. Elle va à Ottawa? *Oui,*

F questions personnelles

1. À quelle heure est-ce que tu vas à l'école?

   J'y vais

2. Comment est-ce que tu vas à l'école?

   J'y vais

3. Où est-ce que tu vas après les classes?

   Je vais

4. Où est-ce que tu vas samedi?

   Je vais

5. Où est-ce que tu vas en été?

   Je vais

6. Qu'est-ce que tu aimes mieux, les voyages en avion ou les voyages en voiture?

   J'aime mieux

Nom: _____

bon voyage!

A les avions

Lis la description du Boeing 747, et puis décris les autres avions!

le Boeing 747

Date: 1971
Nombre de passagers: 365
Vitesse: 965 km/h

le Lockheed L-1011

Date: 1973
Nombre de passagers: 256
Vitesse: 965 km/h

le Boeing 767

Date: 1983
Nombre de passagers: 201
Vitesse: 933 km/h

le Concorde

Date: 1976
Nombre de passagers: 100
Vitesse: 2250 km/h

> Le Boeing sept quarante-sept date de dix-neuf cent soixante et onze. Il porte trois cent soixante-cinq passagers et il vole à neuf cent soixante-cinq kilomètres à l'heure!

B le verbe *aller*

1. Mes amis ... à Halifax samedi.

2. Où est-ce que ton père ... ?

3. Nous ... souvent au stade.

4. J'y ... en avion.

5. Quand est-ce que tu y ... ?

6. Comment est-ce que vous ... chez le docteur?

7. Je ne ... pas chez Bernard après les classes.

1. ☐ ☐ ☐ ☐

2. ☐ ☐

3. ☐ ☐ ☐ ☐ ☐ ☐

4. ☐ ☐ ☐ ☐

5. ☐ ☐ ☐

6. ☐ ☐ ☐ ☐

7. ☐ ☐ ☐ ☐

SOLUTION: Les voyageurs ont des ___ ___ ___ ___ ___ ___ ___ !

C   le bon ordre!

Mets le dialogue dans le bon ordre!

☐ À l'aéroport, s'il vous plaît.

☐ Vous habitez à Paris?

☐ Voilà, monsieur! Nous arrivons à l'aéroport!

☐ Ça fait dix dollars, monsieur.

12 Merci beaucoup, monsieur! Bon voyage!

1 Taxi!

☐ Très bien. Air Canada, monsieur?

☐ Non, je visite des amis.

☐ Oui, monsieur!

☐ Non, Air France. Je vais à Paris.

☐ Bon! C'est combien, s'il vous plaît?

☐ Ce n'est pas beaucoup. Voilà!

D   qu'est-ce qu'ils font?

1. Un voyageur _voyage_ .

2. Un annonceur _____ .

3. Un travailleur _____ .

4. Un dîneur _____ .

5. Un inventeur _____ .

6. Un collectionneur _____ .

7. Un danseur _____ .

8. Un patineur _____ .

9. Un visiteur _____ .

10. Un joueur _____ .

E comment est-ce que tu y vas?

F en français, s'il te plaît!

Your friends are leaving on a trip. How would you...

1. *ask where they are going?*

2. *ask when they are going there?*

3. *ask how they are getting there?*

4. *ask with whom they are going?*

5. *wish them a good trip?*

Nom: _____

Faisons un voyage!

«Fai - sons un voy - a - ge!» «D'ac-cord, mais com - ment?»

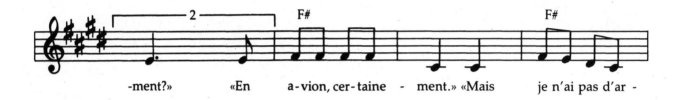

-ment?» «En a-vion, cer-taine - ment.» «Mais je n'ai pas d'ar -

gent!» «En train, na - tu - relle - ment.» «Mais je n'ai pas de temps!»

2. «Faisons un voyage!»
   «D'accord, mais comment?» (*bis*)
   «En bateau, dans le vent!»
   «Un bateau, c'est trop lent!»
   «En voiture, c'est si beau!»
   «Mais je n'ai pas d'auto!»

3. «Faisons un voyage!»
   «D'accord, mais comment?» (*bis*)
   «En motoneige, n'est-ce pas?»
   «Mais je n'aime pas le froid!»
   «À bicyclette, ça va?»
   «Mais elle ne marche pas!»

4. «Faisons un voyage!»
   «D'accord, mais comment?» (*bis*)
   «En taxi, c'est facile!»
   «Ça coûte cher, imbécile!»
   «Allons à pied, alors.»
   «Enfin, nous sommes d'accord!»

unité 6

j'écoute!

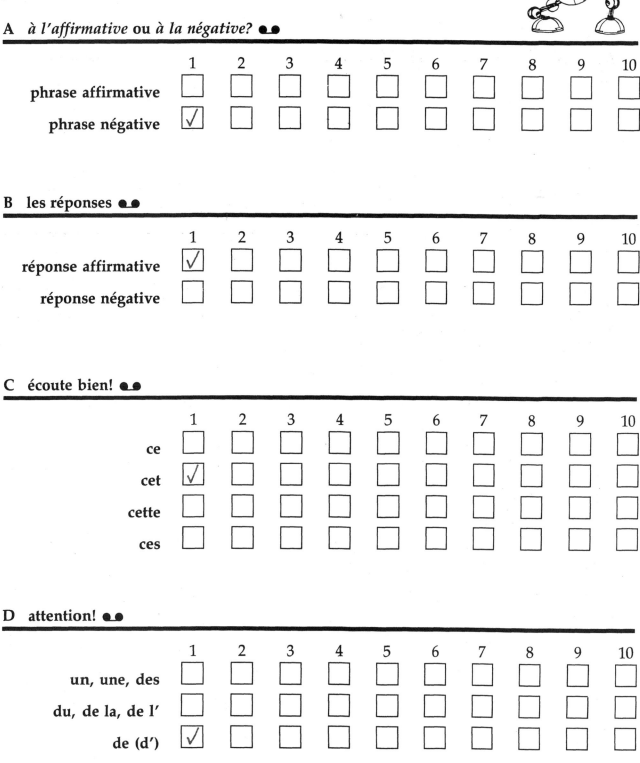

A *à l'affirmative* ou *à la négative?* ●●

	1	2	3	4	5	6	7	8	9	10
phrase affirmative	☐	☐	☐	☐	☐	☐	☐	☐	☐	☐
phrase négative	☑	☐	☐	☐	☐	☐	☐	☐	☐	☐

B les réponses ●●

	1	2	3	4	5	6	7	8	9	10
réponse affirmative	☑	☐	☐	☐	☐	☐	☐	☐	☐	☐
réponse négative	☐	☐	☐	☐	☐	☐	☐	☐	☐	☐

C écoute bien! ●●

	1	2	3	4	5	6	7	8	9	10
ce	☐	☐	☐	☐	☐	☐	☐	☐	☐	☐
cet	☑	☐	☐	☐	☐	☐	☐	☐	☐	☐
cette	☐	☐	☐	☐	☐	☐	☐	☐	☐	☐
ces	☐	☐	☐	☐	☐	☐	☐	☐	☐	☐

D attention! ●●

	1	2	3	4	5	6	7	8	9	10
un, une, des	☐	☐	☐	☐	☐	☐	☐	☐	☐	☐
du, de la, de l'	☐	☐	☐	☐	☐	☐	☐	☐	☐	☐
de (d')	☑	☐	☐	☐	☐	☐	☐	☐	☐	☐

E les opinions ●●

	1	2	3	4	5	6	7	8	9	10
Je suis d'accord!	☐	☐	☐	☐	☐	☐	☐	☐	☐	☐
Je ne suis pas d'accord!	☐	☐	☐	☐	☐	☐	☐	☐	☐	☐

F les films ●●

☐ un film d'horreur

☐ un dessin animé

☐ un film romantique

☐ un film de science-fiction

☐ un western

G quel choix! ●●

ANDRÉ – _____ , qu'est-ce qu'il y a à la télé _____ soir?

MONIQUE – Un _____ … Ah bon! Nous avons le _____ de deux

films. Tu aimes les films d'_____ ?

ANDRÉ – Tu parles! Je _____ _____ films!

MONIQUE – Eh bien, il y a _____ un western.

ANDRÉ – Ah non! Je ne regarde _____ ___ westerns. Ils sont

_____ !

MONIQUE – Oh! Regarde! Il y a un _____ sur la musique rock!

ANDRÉ – Bah! La musique rock est _____ !

MONIQUE – Je ne _____ pas _____ ! Toi, tu

n'_____ _____ !

ANDRÉ – Mais _____ ! J'_____ les comédies!

MONIQUE – Les comédies? Tu _____ !

je prononce bien!

A   le yod ●●

1. youppi: voyage, ennuyeux
2. soleil: chandail
3. fille: famille
4. billet: travailler, juillet
5. janvier: étudier, premier

6. monsieur: délicieux, mieux
7. matière: première, tourtière
8. radio: Ontario, idiot
9. Julienne: canadienne, Étienne

B   ce n'est rien! ●●

1. bien
2. canadien
3. vingt
4. sympa

5. tiens
6. enfin
7. Alain

8. chien
9. cinq
10. combien

C   voilà la question! ●●

1. question
2. bonbon
3. camion
4. mon

5. maison
6. crayon
7. saison

8. collection
9. émission
10. Simon

D   la ponctuation ●●

| . un point | ? un point d'interrogation |
| , une virgule | ! un point d'exclamation |

1. Mon copain est grand beau intelligent et très drôle

2. Est-ce que tu as de l'argent Caroline

3. Tu parles   Moi je deteste ces films

4. Est-ce que vous aimez les westerns les comédies ou les documentaires

5. Toi tu n'es jamais d'accord avec moi

j'écris!

A choisis bien!

Ce, cet, cette ou **ces?**

1. _____Ces_____ documentaires sont toujours ennuyeux.

2. _____ dispute est folle!

3. Est-ce que tu fais souvent des achats dans _____ magasin?

4. Nous allons à Montréal _____ été.

5. _____ choix est très difficile.

6. Il n'y a pas de restaurant près de _____ hôtel.

7. Je n'aime pas _____ maison.

8. Est-ce que vous achetez souvent _____ magazines?

9. Je ne parle jamais à _____ enfants.

10. Les Fournier n'habitent pas dans _____ appartement.

B jamais de la vie!

Complète avec **ne ... jamais!**

1. Il va souvent à Paris, mais je _ne vais jamais à Paris._

2. Marie dîne souvent dans ce restaurant, mais Guy _____

_____

3. Je range souvent la cuisine, mais tu _____

_____

4. Paul joue souvent au golf, mais Claire _____

5. Les Dubé regardent souvent cette émission, mais les Bouchard _____

_____

6. Ta soeur est souvent malade, mais ton frère _____

C   de rien!

Réponds aux questions avec **ne … rien**!

1. Est-ce que tu achètes quelque chose?

   Non, je n'achète rien.

2. Est-ce que Luc collectionne quelque chose?

   _____

3. Est-ce que Chantal mange quelque chose?

   _____

4. Est-ce que vous commandez quelque chose?

   _____

5. Est-ce qu'ils cherchent quelque chose?

   _____

6. Est-ce que tu donnes quelque chose à Maurice?

   _____

D   c'est moi!

Fais des phrases avec **souvent, toujours** ou **ne … jamais**!

1. travailler à l'école *Je travaille souvent à l'école.*

   ou *Je travaille toujours à l'école.*

   ou *Je ne travaille jamais à l'école.*

2. manger des pizzas _____

3. patiner en hiver _____

4. faire mes devoirs _____

5. étudier chez moi _____

6. parler au téléphone _____

7. être fauché(e) _____

E c'est ton choix!

Complète chaque réponse avec **si** ou **non**!

1. Mais __*si*__ , nous avons un magnétoscope formidable!

2. Mais _____ , je n'achète jamais de chocolats!

3. Mais _____ , ce n'est pas vrai!

4. Mais _____ , je fais du camping en été!

5. Mais _____ , il ne travaille pas après le dîner!

6. Mais _____ , j'adore les films de science-fiction!

F à compléter

Complète chaque phrase avec **un**, **une**, **des**, **du**, **de la**, **de l'** ou **de (d')**!

1. Bertrand marque souvent __*des*__ buts, mais Raymond ne marque jamais __*de*__ buts.

2. Je ne commande jamais _____ glace, mais je commande souvent _____ gâteau.

3. Il n'y a pas _____ moutarde, mais il y a _____ mayonnaise.

4. Nous échangeons _____ lettres, mais nous n'échangeons pas _____ photos.

5. Elle achète _____ magnétoscope, mais elle n'achète pas _____ ordinateur.

6. Elle fait _____ pizza, mais elle ne fait pas _____ sandwichs.

7. Margot a _____ argent, mais Andrée n'a pas _____ argent.

8. Ce n'est pas _____ comédie, mais c'est _____ film très drôle.

bon voyage!

A jamais! jamais! jamais!

1. Henri est toujours triste. __*Il n'est jamais content*__

2. Les chihuahuas sont toujours petits. _____

3. La neige est toujours blanche. _____

4. Au Pôle Nord, il fait toujours froid. _____

5. Un géant est toujours grand. _____

6. Les élèves sont toujours sympa. _____

B voilà mon opinion!

Utilise la bonne forme de l'adjectif **ce** et d'un adjectif de la liste!

1. une matière (la géographie)

   Cette matière est facile.

2. des films (les westerns)

   _____

3. une voiture de sport (la Porsche)

   _____

4. un dessert (le gâteau)

   _____

5. un fromage (le cheddar)

   _____

6. une ville (Québec)

   _____

7. une émission (les nouvelles)

   _____

8. un sport (le volley-ball)

   _____

9. une voiture (la Toyota)

   _____

10. une matière (le français)

    _____

11. des films (les comédies)

    _____

12. une province (l'Ontario)

    _____

13. un animal (l'éléphant)

    _____

14. une invention (le téléphone)

    _____

15. un magazine (*Mad*)

    _____

ennuyeux
intéressant
drôle
idiot
formidable
rapide
beau
difficile
fou
bon
grand
petit
sensass
fantastique
facile
pratique
horrible
délicieux

C ah, les parents!

Est-ce que tu es toujours, souvent ou quelquefois d'accord avec tes parents sur les sujets suivants?
Ou est-ce que tu n'es jamais d'accord?

TOUJOURS ————→ 3 points

SOUVENT ————→ 2 points

QUELQUEFOIS ———→ 1 point

JAMAIS ————→ 0 point

☐ 1. la musique

☐ 2. l'argent

☐ 3. les notes

☐ 4. le choix des émissions à la télé

☐ 5. les jeux vidéo

☐ 6. les amis

☐ 7. les vêtements

☐ 8. les devoirs

☐ 9. le téléphone

☐ 10. le ménage

Total: _____

Les résultats:

De 0 à 10 points: Évidemment, c'est la guerre nucléaire chez toi!
De 11 à 20 points: Tu es normal!
De 21 à 29 points: Tu as de la chance!
30 points: C'est impossible! Refais le test!

petit vocabulaire

la guerre nucléaire	*nuclear war*
les jeux vidéo (m.)	*video games*
le ménage	*housework*
les notes (f.)	*marks*
quelquefois	*sometimes*
Refais le test!	*Do the test again!*
les vêtements (m.)	*clothes*

D à la télé!

Utilise le télé-guide à la page 99 de ton livre de français et fais une liste de tes émissions préférées!

CANAL	HEURE	ÉMISSION
	7h00	

E en français, s'il te plaît!

You and your friend are choosing movies at a video rental store. How would you...

1. say that you and your friend have the choice of three films?

2. ask if your friend likes horror movies?

3. say that you don't agree?

4. say that you hate westerns?

5. say that documentary films are always boring?

6. say that you never watch science fiction movies?

7. say that there are no comedies available?

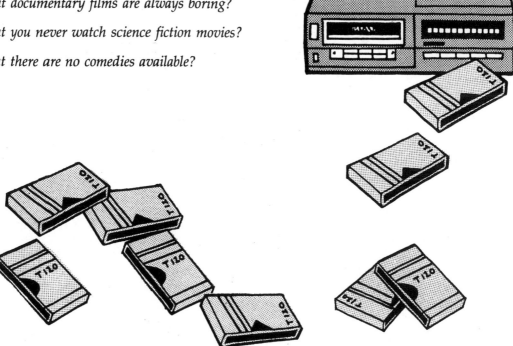

Moi, j'y vais souvent!

«Com - ment sont les vê - te - ments, com - ment sont les vê - te - ments

dans ce ma - ga - sin?» «Ils sont trop grands ou trop pe - tits, sou -

vent ils sont ter - ri - bles.» Et si tu cherches une belle chemise, elle n'est pas dis - po - ni - ble!

Ces vête-ments sont or - di - naires et ces vête-ments sont bien trop chers!»

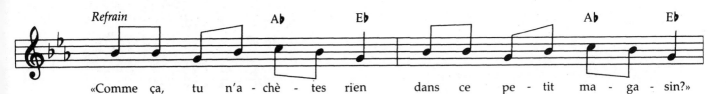

«Comme ça, tu n'a - chè - tes rien dans ce pe - tit ma - ga - sin?»

«Mais si! Moi, j'y vais sou - vent. Moi, j'a - dore les vê - te - ments!»

2. «Comment sont les vidéos,
   Comment sont les vidéos
   Dans ce magasin?»
   «Ils sont trop longs ou bien trop courts,
   Les films d'horreur — horribles!
   Et si tu cherches un film d'amour,
   Il n'est pas disponible!
   Les westerns ne sont pas beaux,
   Tous les films sont idiots!»
   «Comme ça, tu ne trouves rien
   Dans ce petit magasin?»
   «Mais si! Moi, j'y vais bientôt.
   Moi, j'adore les vidéos!»

3. «Comment sont tous les repas,
   Comment sont tous les repas
   Dans ce restaurant?»
   «Ils sont trop chauds ou bien trop froids,
   Le service est terrible!
   Tu cherches ton dessert favori?
   Il n'est pas disponible!
   Les dîners sont ordinaires,
   Les déjeuners sont bien trop chers!»
   «Comme ça, tu ne dînes jamais
   Dans ce petit restaurant?»
   «Mais si! Moi, j'y vais souvent.
   Moi, j'adore les restaurants!»

que sais-je? (4-6)

j'écoute!

A la préposition *à* ●●

1. Il parle _____ Marianne?

2. Je montre mon test _____ directeur.

3. Qui va _____ boulangerie?

4. Elle parle _____ enfants.

5. Il n'est pas _____ école.

6. Le professeur parle _____ élèves.

7. Nous dînons souvent _____ restaurant.

8. Elle téléphone _____ sa copine.

9. Nous allons _____ épicerie.

10. Il y a une comédie _____ télé.

B ah, les verbes! ●●

1. vais, fais

2. achetez, achètes

3. cherche, cherchons

4. faites, êtes

5. a, va

6. allons, avons

7. achetons, achètent

8. vas, as

9. font, vont

10. achetez, achètes

C les effets sonores ●●

1. Je vais chez le coiffeur _____ .

2. Nous allons à Paris _____ .

3. Ils vont à l'école _____ .

4. Elle va à New York _____ .

5. Je vais à la pharmacie _____ .

6. Mes grands-parents vont à Ottawa _____ .

7. Maman va au centre d'achats _____ .

8. Il va à l'épicerie _____ .

en voiture
en train
à pied
en autobus
en avion
à bicyclette
à moto
en bateau

D les adjectifs ●●

1. autres, autre
2. ce, cet
3. ennuyeux, ennuyeuses
4. nouvel, nouvelle
5. idiotes, idiots

6. ce, cet
7. ce, ces
8. ennuyeuse, ennuyeux
9. nouveaux, nouvelles
10. ces, cette

E *oui* ou *non*? ●●

	1	2	3	4	5	6	7	8	9	10
phrase affirmative	☐	☐	☐	☐	☐	☐	☐	☐	☐	☐
phrase négative	☐	☐	☐	☐	☐	☐	☐	☐	☐	☐

F tout le monde travaille! ●●

☐ André
☐ Micheline
☐ Colette
☐ Roger

☐ Marie
☐ Henri
☐ Marc
☐ Monique

je prononce bien!

A   d'accord! ●●

1. Qui écoute de la musique?

2. Je collectionne les cartes et les disques.

3. Voilà cinq équipes canadiennes!

4. Colette a quatre cadeaux.

5. Ce documentaire est fantastique!

B   écoute bien! ●●

1. bain: faim, maison, vingt, pain

2. un: brun, lundi, brune, vingt et un

3. fille: famille, youppi, cahier, ville

4. bien: rien, télé, chien, tiens

5. avion: camion, crayon, question, cadeau

C   ça rime! ●●

1. Éric, musique

2. ce, cet

3. Lucien, copain

4. radio, idiot

5. ennuyeux, délicieuse

6. sont, vont

7. canadienne, Étienne

8. nouveau, nouvel

9. ces, ses

10. billet, juillet

D   à compléter! ●●

1. Lise   Marc   Pierre et Anne sont chez André

2. Allô   Madame Mercier   s'il vous plaît

3. Salut   Roger   Ça va

4. Alors   les élèves   est-ce que vous allez au match

5. Mais si   je vais au concert   Et toi

Nom: _____

j'écris!

A choisis bien!

Choisis A, B ou C!

☐ 1. Devant le nom **ordinateur**, la forme correcte de l'adjectif **ce**, c'est...
   A cette   **B** ces   **C** cet

☐ 2. Le contraire de l'expression **toujours**, c'est...
   A souvent   **B** ne ... jamais   **C** tout de suite

☐ 3. Une réponse affirmative à une question négative, c'est...
   A si   **B** non   **C** oui

☐ 4. Un documentaire, c'est...
   A un film   **B** une matière   **C** une voiture

☐ 5. Si tu fais un voyage en avion, tu vas...
   A à la piscine   **B** chez le dentiste   **C** à l'aéroport

☐ 6. Tu achètes du pain...
   A à la boulangerie   **B** au bureau de poste   **C** à la banque

☐ 7. Le pluriel de **je vais**, c'est...
   A nous avons   **B** nous allons   **C** vous allez

☐ 8. Au centre d'achats, il y a...
   A des villes   **B** des avions   **C** des magasins

☐ 9. Si tu vas de Montréal à Paris, tu y vas...
   A en avion   **B** à pied   **C** à bicyclette

☐ 10. Le pluriel de l'expression **à la**, c'est...
   A eau   **B** au   **C** aux

Nom: _____

B situations / réactions

Choisis une réaction pour chaque situation!

☐ 1. «Comment est-ce que tu vas à Paris?»

☐ 2. «Pourquoi est-ce que tu vas chez le coiffeur?»

☐ 3. «Les films d'horreur sont fantastiques!»

☐ 4. «Tu n'as pas d'argent?»

☐ 5. «Tu achètes le cadeau à la librairie?»

☐ 6. «Toi, tu es toujours d'accord avec Claudette!»

☐ 7. «Est-ce qu'elle achète beaucoup au grand magasin?»

☐ 8. «Est-ce qu'ils ont le film *Le Voyage de Dracula*?»

☐ 9. «Tu as un magnétoscope?»

☐ 10. «Le train arrive! Au revoir!»

A «Imbécile! Regarde! Mes cheveux sont horribles!»

B «Tu parles! Ce film n'est jamais disponible!»

C «Bien sûr! Ma copine adore les livres!»

D «Et pourquoi pas? Elle a toujours raison!»

E «Oui! Comme ça, je regarde des films chez moi.»

F «En avion, naturellement!»

G «Bah! Ils sont ennuyeux!»

H «Non, d'habitude, elle n'achète rien.»

I «Au revoir et bon voyage!»

J «Mais si, j'ai cinq dollars!»

C   le verbe *aller*

Complète le dialogue avec la forme correcte du verbe **aller**!

–Eh bien, Chantal, tu _____ à Vancouver bientôt?

–Oui, j'y _____ samedi.

–Tu as de la chance! Ta soeur y _____ aussi, n'est-ce pas?

–Oui, nous _____ chez nos grands-parents.

–Comment est-ce que vous y _____ ?

–En avion. Mes parents _____ à l'aéroport avec nous.

–Alors, bon voyage!

D   l'adjectif *ce*

Complète les phrases avec **ce**, **cet**, **cette** ou **ces**!

1. _____ aéroport est très grand.

2. Il y a de belles raquettes de tennis à _____ magasin de sports.

3. Tu achètes _____ patins à roulettes?

4. Non, je ne vais pas à _____ école.

5. _____ film est très intéressant!

E   au contraire!

Mets chaque phrase à la négative!

1. C'est une idée idiote!

_____

2. Nous faisons des achats aujourd'hui.

_____

3. Il donne un cadeau à Pierre.

_____

4. J'achète toujours des bonbons.

_____

5. Elle cherche quelque chose.

_____

F   les petits mots

Complète chaque phrase avec le bon mot!

1. Nous allons au cinéma _____ bicyclette.

2. – Tu vas _____ l'école?

   – Oui, j' _____ vais bientôt.

3. Il _____ parle jamais _____ amis de Claude.

4. – Tu n'achètes pas _____ timbres?

   – Mais _____ , j'achète des timbres!

5. Il y a un magasin _____ disques _____ centre d'achats.

6. Je cherche _____ nouveaux jeans.

G   je sais les verbes!

Écris la forme correcte du verbe indiqué!

1. (acheter) Est-ce qu'ils _____ un magnétoscope?

2. (aller) Quand est-ce que vous _____ au magasin vidéo?

3. (chercher) Tu _____ un cadeau pour ton frère?

4. (faire) Où est-ce que vous _____ des achats?

5. (trouver) Enfin, ils _____ un bon livre à la librairie.

6. (acheter) Vous n'_____ jamais de magazines?

7. (être) Nous ne _____ pas d'accord!

8. (avoir) Ils n'_____ jamais d'argent.

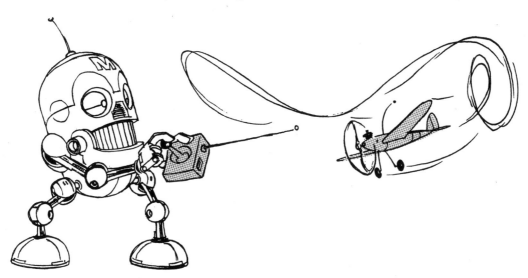

unité 7

j'écoute!

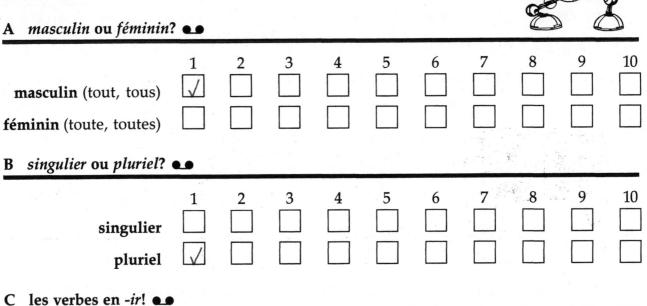

A *masculin* ou *féminin*? ●●

	1	2	3	4	5	6	7	8	9	10
masculin (tout, tous)	✓	☐	☐	☐	☐	☐	☐	☐	☐	☐
féminin (toute, toutes)	☐	☐	☐	☐	☐	☐	☐	☐	☐	☐

B *singulier* ou *pluriel*? ●●

	1	2	3	4	5	6	7	8	9	10
singulier	☐	☐	☐	☐	☐	☐	☐	☐	☐	☐
pluriel	✓	☐	☐	☐	☐	☐	☐	☐	☐	☐

C les verbes en *-ir*! ●●

1. Henri (choisit, choisissent) le chandail bleu.

2. Toi, tu ne (réfléchissez, réfléchis) pas assez!

3. Je (finis, finissent) toujours mes devoirs.

4. Ses copains ne (réfléchit, réfléchissent) jamais!

5. Quand est-ce que l'émission (finissent, finit)?

6. Est-ce que vous (choisissez, choisis) la raquette ou les patins?

7. D'habitude, nous (finissent, finissons) vers huit heures.

8. Est-ce que tu (réfléchis, réfléchissez) à la réponse?

9. Il (choisissent, choisit) toujours des westerns.

10. Est-ce qu'elles (finissent, finit) tout le gâteau?

D un choix difficile! ●●

1. Monique ☑   ☐   2. M. et Mme Vachon ☐   ☐

3. Alain ☐   ☐   4. M. Renaud ☐   ☐

5. Mlle Bombardier ☐   ☐   6. M. et Mme Morin ☐   ☐

7. Mme Goudreau ☐   ☐

8. M. Grenier ☐   ☐

E   bravo, Capitaine Canada! ●●

Nom: _____

F qui est-ce? ●●

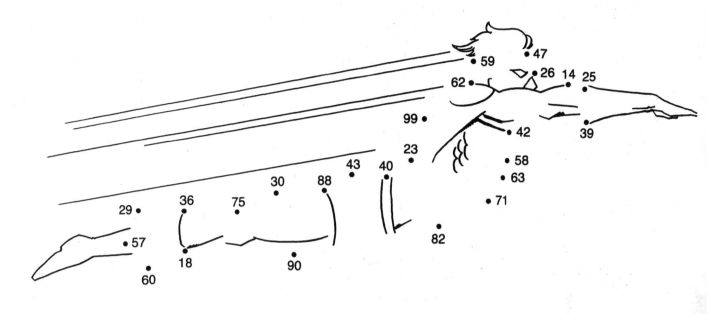

Qui est-ce? C'est _____ !

G encore des devoirs! ●●

RICHARD – Allô!

GEORGES – Allô, Richard. C'est Georges. Est-ce que nous _____ des

_____ pour demain?

RICHARD – Mais, bien sûr! Vraiment, Georges, tu ne _____ pas assez! Tu

n'_____ jamais le professeur!

GEORGES – Mais nous avons des devoirs _____ les soirs! Je déteste ça!

RICHARD – Moi _____ , mais c'est la _____ ! Eh bien, voici les devoirs pour

demain...tu _____ _____ les questions de

l'_____ A,...

GEORGES – C'est tout?

RICHARD – Non, tu _____ aussi l'exercice B.

GEORGES – _____ l'exercice B?

RICHARD – Écoute, ce n'est pas difficile! Pour chaque question, tu _____ la

_____ A, B ou C.

GEORGES – Bon, d'accord. Merci, Richard!

RICHARD – Au revoir, Georges. À _____ !

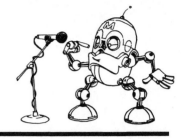

je prononce bien!

A écoute bien!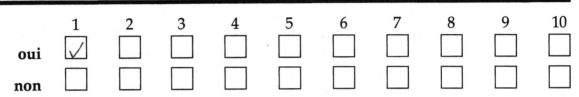

	1	2	3	4	5	6	7	8	9	10
oui	☑	☐	☐	☐	☐	☐	☐	☐	☐	☐
non	☐	☐	☐	☐	☐	☐	☐	☐	☐	☐

B choisis bien! ●●

	1	2	3	4	5	6	7	8	9	10
oui	☑	☐	☐	☐	☐	☐	☐	☐	☐	☐
non	☐	☐	☐	☐	☐	☐	☐	☐	☐	☐

C les consonnes finales ●●

1. lac
2. neuf
3. hôtel
4. Marc
5. hiver

6. rosbif
7. Québec
8. bel
9. leur
10. soif

D c'est logique! ●●

1. Guy, (Qui)
2. midi, demie
3. rangeons, mangeons
4. dentiste, artiste
5. heureux, nerveux

6. bon, beau
7. docteur, coiffeur
8. moto, métro
9. trois, froid
10. vont, font

j'écris!

A c'est la fin!

Utilise le verbe **finir**!

1. Cette musique est horrible! Quand est-ce que ce concert *finit* ?

2. Hourra! Les classes _____ à deux heures aujourd'hui!

3. Il est minuit! Est-ce que tu _____ tes devoirs bientôt?

4. C'est dommage, mais nous _____ notre voyage demain.

5. À quelle heure est-ce que vous _____ le dîner ce soir?

6. D'habitude, Roger ne _____ jamais ses lettres.

7. Elles _____ le match, puis elles rentrent.

8. Tu parles! Nous ne _____ jamais avant cinq heures!

9. Pour demain vous _____ tout l'exercice L.

10. Quand je _____ un test difficile, je suis toujours heureux!

B au centre d'achats!

Utilise le verbe **choisir**!

1. Marianne *choisit un disque* .

2. Papa _____ .

3. Maman et Claire _____ .

4. Je _____ .

5. Angèle _____ .

6. Paul et Henri _____ .

7. Nous _____ .

8. Est-ce que vous _____ ?

9. Son copain _____ .

10. Est-ce que tu _____ ?

C réflexions!

Utilise le verbe **réfléchir** et **à, au, à la, à l'** ou **aux**!

1. Marcelle ne _réfléchit_ jamais _à la_ bonne réponse.

2. Est-ce que tu _____ _____ question du professeur?

3. Il _____ toujours _____ voyage à Paris.

4. Vous ne _____ jamais _____ réponses!

5. André _____ toujours _____ vie.

6. Est-ce qu'ils _____ _____ idée de Marie?

7. Une seconde! Je _____ _____ bonne réponse!

8. Est-ce que tu _____ _____ sa question?

D les sentiments!

Utilise la forme correcte de l'adjectif **heureux** dans une phrase affirmative ou négative selon le cas.

1. Thérèse gagne cent dollars.
   Elle est heureuse.

2. Les garçons tombent dans l'eau.
   Ils ne sont pas heureux.

3. Les élèves n'ont pas de devoirs.
   Ils

4. La classe va à Québec.
   Elle

5. Robert tombe de sa bicyclette.
   _Il_

6. Enfin, Monique trouve son argent!
   Elle

7. Mes parents gagnent une voiture.
   Ils

8. Marie et Claire sont très malades.
   Elles

9. Henri et Martin ont trois tests demain.
   Ils

10. Les Hubert achètent une nouvelle voiture.
    Ils

E l'adjectif *tout*!

Est-ce **tout**, **toute**, **tous** ou **toutes**?

1. Zut! Nous avons des devoirs _*tous*_ les soirs!

2. Est-ce que tu fais _____ l'exercice F?

3. Regarde! Il mange _____ les bonbons!

4. _____ la famille parle français.

5. _____ mes soeurs ont les cheveux blonds.

6. _____ le monde va au match.

7. Nous allons au cinéma _____ les week-ends.

8. _____ la classe regarde le film.

9. D'habitude, je mange _____ mon déjeuner.

10. Il réfléchit à _____ mes questions.

F la création des phrases!

Fais huit phrases différentes!

je	attacher	la maison à huit heures
tu	quitter	de sa moto
il	dîner	du poulet et des frites
elle	tomber	tous les hivers
nous	acheter	les lacets de ses souliers
vous	chercher	un cadeau pour Adèle
ils	manger	une nouvelle bicyclette
elles	patiner	à ce restaurant français

1. _____

2. _____

3. _____

4. _____

5. _____

6. _____

7. _____

8. _____

Nom: _____

bon voyage!

A   d'une langue à l'autre

Les mots français en **-ion** sont féminins.

Quels sont les équivalents français pour les noms anglais suivants?

anglais	français
1. question ———→	*une question*
2. action	_____
3. invention	_____
4. inspection	_____
5. nation	_____
6. addition	_____
7. composition	_____
8. condition	_____
9. tradition	_____
10. correction	_____

B   mots croisés: potpourri

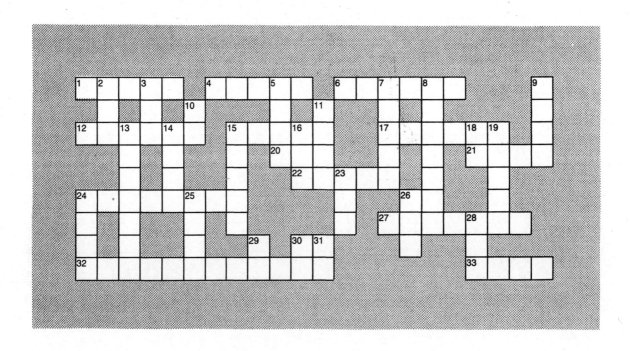

horizontalement

1. Pas beaucoup, mais ____ .

4. Un synonyme de **hourra!**

6. Un jet est un avion ____ .

12. Si tu es fauché, tu n'as pas

    d'____ .

15. Six et six font ____ .

17. C'est de la viande.

20. Le contraire de **sous**.

21. Il fait ____ froid en hiver!

22. Le professeur donne souvent

    des ____ aux élèves.

24. Le verbe **finir**: vous ____ .

26. Un infinitif: **quitt**_____ .

27. Si tu joues au hockey, tu ____ .

30. **Les** au singulier.

32. Une province canadienne.

33. Le nombre avant dix.

verticalement

2. Une petite préposition.

3. Une belle saison.

5. Le pluriel de **tu**.

7. La capitale de la France.

8. Un gâteau, par exemple.

9. Ça rime avec **très**.

11. Une de tes parents.

13. Le contraire de **petites**.

14. Toi et moi = ____ .

15. Vingt moins huit font ____ .

16. Une exclamation.

18. Paul **fin**__ ses devoirs.

19. Mon oncle est le ____

    de ma mère.

23. Le livre de Pierre =

    ____ livre.

24. Je ____ de la natation.

25. Cinq, six, ____ .

26. Il y a de l'____ dans un lac.

28. Le contraire de **oui**.

29. L'article défini masculin.

30. L'article défini féminin.

31. ____ hiver, il fait froid.

Nom: _____

C les dessins humoristiques

De la liste donnée, choisis l'expression correcte!

1. Hourra!
2. Tu plaisantes!
3. Imbécile!
4. C'est dommage!
5. Bon voyage!
6. Ça, c'est le comble!
7. Au secours!
8. Enfin!

D en français, s'il te plaît!

Your friend has missed a day of school and phones you to find out the homework assignments for history and geography. How would you say:

1. *"For history class you do all of exercise D."?*

2. *"Then you finish all the questions in exercise G."?*

3. *"Exercise G isn't difficult."?*

4. *"You choose A, B or C for each answer."?*

5. *"There isn't any homework for geography class."?*

6. *"Good-bye! I'll see you tomorrow!"?*

Nom: _____

Tout l'monde est ici!

La porte fait «clac», quand chaque per-sonne ar-rive. Tiens! C'est Ma-niac, c'est Sca-ra-mouche, c'est Yves! Hé!

Les co - pains! C'est Zi-zique et Gé - nie! C'est Diane, c'est Zak! Et tout l'monde est i - ci.

Refrain

al coda (après la 4ᵉ strophe)

Tout l'monde est i - ci, tout l'monde est i - ci, tout l'monde est i - ci! Et tout l'monde est heu-reux!

coda

«À de - main, A - lain! À bien -

tôt, Mi-chaud! Au re - voir, Re - noir! À la pro - chaine, Ma - deleine!»

Tout l'monde est i - ci, tout l'monde est i - ci, tout l'monde est i - ci! Et tout l'monde est heu-reux!

2. «Au secours! J'ai soif! Ah, voilà le frigo!»
   «Et moi, j'ai faim! Vite! Où est la cuisine?»
   «Où est le lac? Oh, il fait vraiment chaud!»
   «Tu es idiot! Nous avons une piscine!»
   Tout l'monde est ici,
   Tout l'monde est ici, tout l'monde est ici!
   Et tout l'monde est heureux!

3. «Au secours, Génie! Les sciences sont difficiles!»
   Génie répond, «Non, ça, c'est très facile!»
   Diane choisit un film à la télé.
   Maniac attache les lacets d'nos souliers!
   Tout l'monde est ici,
   Tout l'monde est ici, tout l'monde est ici!
   Et tout l'monde est heureux!

4. Je réfléchis à mon jeu vidéo.
   Zizique choisit un disque en stéréo.
   Génie finit quarante-cinq exercices
   Et Zak attaque trois morceaux de gâteau!
   Tout l'monde est ici,
   Tout l'monde est ici, tout l'monde est ici!
   Et tout l'monde est heureux!

unité 8

j'écoute!

A *singulier* ou *pluriel*? ●●

	1	2	3	4	5	6	7	8	9	10
singulier	☑	☐	☐	☐	☐	☐	☐	☐	☐	☐
pluriel	☐	☐	☐	☐	☐	☐	☐	☐	☐	☐

B *oui* ou *non*? ●●

	oui	non
1. François ne répond jamais au téléphone.	☑	☐
2. Est-ce que tu attends Alain?	☐	☐
3. Nous vendons nos patins.	☐	☐
4. Guy répond à la question.	☐	☐
5. Vous n'attendez jamais Alphonse!	☐	☐
6. Tu continues tout droit dans cette rue.	☐	☐
7. Le test commence, Margot!	☐	☐
8. Est-ce que vous vendez des parapluies?	☐	☐
9. Les Moreau sont dans le salon.	☐	☐
10. Elle attend Denise devant le cinéma.	☐	☐

C les rendez-vous d'Adèle ●●

	Elle est en retard.	Elle n'est pas en retard.
1. les classes	☑	☐
2. le match de soccer	☐	☐
3. le dîner	☐	☐
4. le film	☐	☐
5. la classe de maths	☐	☐
6. la party	☐	☐

92

D qu'est-ce qu'ils vendent? ●●

1. Claudine travaille ☐B .
2. M. Hulot travaille ☐ .
3. Mlle Antoine travaille ☐ .
4. Yvon travaille ☐ .

5. Lucie et Sylvie travaillent ☐ .
6. Mme Chaput travaille ☐ .
7. Georges travaille ☐ .
8. Marcelle travaille ☐ .

A au grand magasin

B au restaurant

C au magasin de sports

D au magasin de disques

E au cinéma

F à la librairie

G au bureau de poste

H à la boulangerie

E la météo ●●

1. À Victoria, il _fait chaud._
2. À Edmonton, il _____
3. À Regina, il _____
4. À Winnipeg, il _____
5. À Toronto, il _____
6. À Québec, il _____
7. À Fredericton, il _____
8. À Halifax, il _____
9. À Charlottetown, il _____
10. À St. John's, il _____

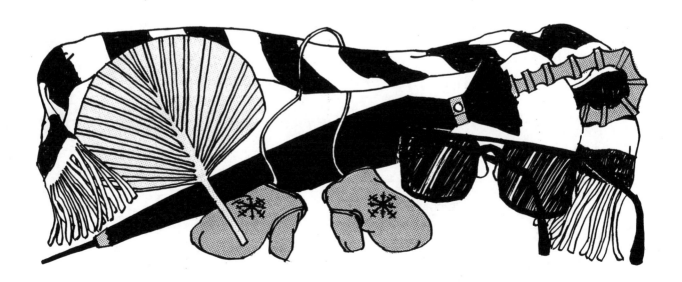

Nom: _____

F les directions ●●

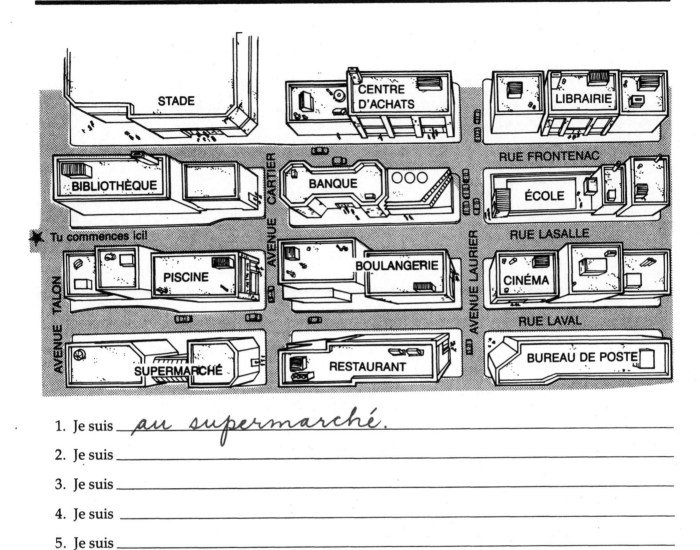

1. Je suis *au supermarché.* _____

2. Je suis _____

3. Je suis _____

4. Je suis _____

5. Je suis _____

G pour aller au stade, s'il te plaît? ●●

–_____ , pour _____ au stade, s'il te plaît?

–Le stade? Ah oui, il _____ dans la rue Dupont.

–C'est _____ d'ici?

–_____ du tout! _____ , tu vas _____ droit dans _____ rue.

C'est la rue Marchand. À la rue Mercier, tu _____ à _____

Puis tu _____ tout droit à l'avenue Vachon. Le stade est à

_____ , à côté de l'_____ Vanier.

–Merci _____ !

–Il n'y a pas de _____ !

94

je prononce bien!

A écoute bien! ●●

	1	2	3	4	5	6	7	8	9	10
oui	✓	☐	☐	☐	☐	☐	☐	☐	☐	☐
non	☐	☐	☐	☐	☐	☐	☐	☐	☐	☐

B les voyelles nasales ●●

1. **quand**: grand, avant, maman, (banane)

2. **cent**: vent, temps, premier, attend

3. **vont**: raison, bonne, sont, font

4. **vingt**: patin, faim, enfin, dîner

5. **un**: brun, quelqu'un, Verdun, brune

6. **bien**: tiens, rien, canadienne, chien

7. **avion**: collection, camionnette, question, direction

8. **blanc**: dans, enfant, Anne, cent

C l'orthographe ●●

A l'accent grave (**è, à, ù**)   D la cédille (**ç**)

B l'accent aigu (**é**)   E l'apostrophe (**l', d'**)

C l'accent circonflexe (**â, î, ô, û**)   F le trait d'union (**est-ce, est-il**)

B	1. repondre
☐	2. achete
☐	3. bientot
☐	4. premiere
☐	5. quelqu un
☐	6. francais

☐	7. science fiction
☐	8. delicieux
☐	9. c est
☐	10. dîner
☐	11. commencons
☐	12. grands parents

D les homonymes ●●

1. **vent**: vendre, viande, <u>vend</u>, vie

2. **tout**: tous, tu, toute, tourne

3. **finis**: finir, faim, finit, finissent

4. **eau**: hôtel, aux, oui, moto

5. **cette**: ce, ces, c'est, sept

6. **nom**: nous, non, neuf, notre

7. **aller**: allons, avez, allez, Alain

8. **en**: an, un, à, Anne

9. **vert**: faire, vais, vers, va

10. **répond**: répondent, réponds, réponse, raison

j'écris!

A quel choix!

Est-ce **quel**, **quelle**, **quels** ou **quelles**?

1. _____Quels_____ enfants pénibles!

2. _____ grande ville!

3. _____ bons journaux!

4. _____ bonbons délicieux!

5. _____ directions difficiles!

6. _____ petit hôtel!

7. _____ réponses intelligentes!

8. _____ bonne vie!

9. _____ aventure fantastique!

10. _____ exercice difficile!

B les jobs

Utilise le verbe **vendre**!

1. Martin travaille à la boulangerie. _Il vend du pain._

2. M. Caron travaille au bureau de poste. _Il_ _____

3. Mathilde travaille au grand magasin. _Elle_ _____

4. Paul travaille à la pharmacie. _Il_ _____

5. Nous travaillons au magasin de sports. _Nous_ _____

6. Je travaille à l'épicerie. _Je_ _____

7. Vous travaillez à la librairie. _Vous_ _____

8. Georges et Richard travaillent au supermarché. _Ils_ _____

9. Les filles travaillent au magasin de disques. _Elles_ _____

10. Tu travailles à la pizzeria. _Tu_ _____

C les réponses

Utilise le verbe **répondre**!

1. Qui _répond_ _au_ téléphone?

2. Paulette ne _____ jamais _____ lettres de Carole.

3. Est-ce que tu _____ _____ question de maman?

4. Vous ne _____ pas _____ directeur?

5. Le professeur _____ _____ élèves.

6. Nous _____ toujours _____ nos parents.

7. Ils _____ _____ employé.

8. Je _____ _____ toutes les questions.

D les attentes

Utilise le verbe **attendre**!

1. Roger *attend l'autobus.* _____

2. Nous _____

3. Tu _____

4. Ils _____

5. J' _____

6. Vous _____

7. Ils _____

8. Gisèle _____

E les commencements

Fais des phrases avec **commencer** et une expression de la liste!

> notre voyage   en décembre
> après les classes   nos devoirs
> en juin   à neuf heures
> samedi   vers six heures

1. L'hiver *commence en décembre.* _____

2. Le dîner _____

3. Le test _____

4. L'été _____

5. Le match _____

6. Nous _____

7. Le week-end _____

8. Nous _____

F phrases bêtes

Corrige chaque phrase. Change le verbe!

1. Les classes finissent à neuf heures.

   Les classes commencent à neuf heures.

2. Je vends des directions au restaurant.

   _____

3. Il pleut! Où sont mes patins?

   _____

4. Tu tombes à gauche dans la rue Verlaine.

   _____

5. Nous donnons la maison à huit heures.

   _____

6. Il réfléchit tout droit dans l'avenue Martin.

   _____

7. Ils invitent leurs lacets.

   _____

8. Tu manges un cadeau pour Marie?

   _____

Nom: _____

G les opinions

Complète chaque phrase avec trois expressions de la liste!

> les voyages en avion, l'été, les week-ends,
> les sports d'hiver, les cadeaux, les documentaires,
> les questions difficiles, les copains drôles,
> les films d'horreur, les bonbons, les plages,
> les grandes villes, les fruits de mer,
> les petits enfants, les ordinateurs,
> les salades, les oignons, les disputes,
> la vie, les tests faciles, les journaux

1. J'adore _____

2. J'aime beaucoup _____

3. J'aime _____

4. J'aime assez _____

5. Je n'aime pas _____

6. Je déteste _____

bon voyage!

A le verbe *répondre*

1. Il ☐☐☐☐☐ .

2. Vous ☐☐☐☐☐☐☐ .

3. Elle ☐☐☐☐☐ .

4. Je ☐☐☐☐☐ .

5. Ils ☐☐☐☐☐☐☐ .

6. Tu ☐☐☐☐☐☐ .

7. Nous ☐☐☐☐☐☐☐☐ .

Solution: À chaque question, sa ☐☐☐☐☐☐ .

B quel temps fait-il?

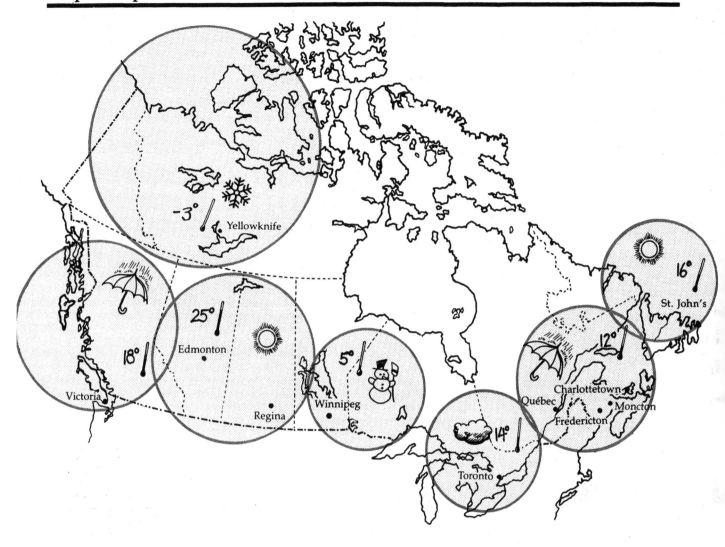

1. à Québec? _Il pleut._ _____

2. à Victoria? _____

3. à Edmonton? _____

4. à Toronto? _____

5. à Regina? _____

6. à Winnipeg? _____

7. à Moncton? _____

8. à Yellowknife? _____

9. à Fredericton? _____

10. à Charlottetown? _____

11. à St. John's? _____

C les agents secrets

Décode le message de l'agent X. Ce sont des directions pour son rendez-vous secret avec l'agent Z.

$$\downarrow \quad \begin{array}{l} A = 50 \\ Z = 75 \end{array}$$

71 64 70 68   66 70 58 69 69 54 75   61 57 64 69 54 61

54 69   71 64 70 68   50 61 61 54 75

69 64 70 69   53 67 64 58 69   53 50 63 68   61 50

67 70 54   51 64 63 53 .   71 64 70 68   69 64 70 67 63 54 75

50   56 50 70 52 57 54   53 50 63 68   61 50 71 54 63 70 54

54 68 65 58 64 63 .   71 64 70 68   52 64 63 69 58 63 70 54 75   50

61 50   67 70 54   58 63 69 67 54 65 58 53 54 .   61 54

67 54 68 69 50 70 67 50 63 69   62 50 69 50   57 50 67 58   54 68 69

50   53 67 64 58 69 54 .

D en français, s'il te plaît!

You are giving a friend directions to the library. How would you say...

1. *that it's easy?*

2. *that you go straight ahead on Dupont Street?*

3. *that you turn right at Cartier Avenue?*

4. *that you continue straight ahead on Cartier Avenue?*

5. *that you turn left at Mercier Street?*

6. *that the library is on the right?*

7. *that the library is next to the movie theatre?*

8. *that it's not very far?*

Nom: _____

Un grand voyage

«Pour al - ler au Sa - gue - nay, s'il vous plaît?» «Lac Saint-

Jean, ce n'est pas loin, ça, c'est vrai! D'a - bord, tu

pas - ses par Qué-bec, tu tournes à gauche à Ta - dous - sac, tu con - ti -

nues à Jon - qui - ère, tu vas tout droit sur la ri - vière. Si tu ne

marches pas len - te - ment, tu ar - rives au Lac Saint-Jean. Si tu es

là de - main ma - tin, un grand «Bon - jour!» à mes co - pains!»

2. «Pour aller à Sudbury, s'il vous plaît?»
«Sudbury, c'est très joli, ça, c'est vrai!
D'abord, tu passes par Belleville,
Tu tournes à droite, c'est très facile!
Tu continues au Lac Huron.

(Est-ce que tu aimes la natation?)
Et si tu n'as pas mal aux pieds,
Tu arrives à Sudbury.
Si tu es là demain matin,
Un grand «Bonjour!» à mes copains!»

3. «Pour aller à Beauséjour, s'il vous plaît?»
«Beauséjour est beau toujours, ça, c'est vrai!
D'abord, tu passes par le Sault,
Et puis tu quittes l'Ontario,
Tu continues droit comme une règle,

Tu tournes à droite à Winnipeg.
Et si tu n'as pas de détours,
Tu arrives à Beauséjour.
Si tu es là demain matin,
Un grand «Bonjour!» à mes copains!»

4. «Pour aller à Vancouver, s'il vous plaît?»
«Il fait clair à Vancouver, ça, c'est vrai!
Tu vas tout droit sur la prairie,
Tu tournes à gauche à Calgary,
Tu vas aux Rocheuses magnifiques,

Tu continues au Pacifique.
Puis tu arrives à la plage
Et tu finis ton long voyage!
Si tu arrives demain matin,
Un grand «Bonjour!» à mes copains!»

que sais-je? (7-8)

j'écoute!

A *salut* ou *au revoir?*

	1	2	3	4	5	6
salut!	☐	☐	☐	☐	☐	☐
au revoir!	☐	☐	☐	☐	☐	☐

B choisis bien!

1. finis, finissent
2. vendez, vends
3. choisissent, choisit
4. réfléchissent, réfléchit
5. attendent, attendons

6. répondez, réponds
7. choisissons, choisissez
8. attend, attendent
9. réponds, répondons
10. choisissez, choisissent

C ah, les adjectifs!

1. (Quel, Quels) élèves intelligents!
2. Ils vont à la plage (tous, toutes) les week-ends.
3. (Toute, Tout) le monde est en retard aujourd'hui.
4. Ma copine n'est pas (heureuse, heureux) ce matin.
5. Il répond à (tous, toutes) les questions.
6. Est-ce que nous finissons (toute, tout) l'exercice?
7. (Quelles, Quelle) idées intéressantes!
8. J'ai une photo de (toute, tous) la famille.
9. Capitaine Canada n'est jamais (nerveuse, nerveux).
10. (Quels, Quel) appartement formidable!

D *vrai* ou *faux?* ●●

1. V   F

2. V   F

3. V   F

4. V   F

5. V   F

6. V   F

E la journée de Bertrand ●●

Je _____ la maison à huit heures et quart. L'école n'est pas _____ , et

d'habitude j'y _____ à pied. Mais aujourd'hui il fait _____ , alors

j'_____ l'autobus avec des copains. Pierre n'est pas là. Il est toujours en

_____ !

   J'_____ à l'école vers neuf heures moins le quart. Les classes

_____ à neuf heures et elles _____ à

quatre heures. Demain, c'est samedi, alors _____ le monde est _____ .

Mais aujourd'hui à trois heures, nous _____ un test de français. _____

vie! Le test n'est pas difficile. Je _____ à _____ les questions!

Alors pour moi, le week-end commence très bien!

je prononce bien!

A ça rime! ●●

		oui	non
1.	puis, suis	☐	☐
2.	oignon, champignon	☐	☐
3.	magnétophone, magnétoscope	☐	☐
4.	gagner, Gagnon	☐	☐
5.	parapluie, aujourd'hui	☐	☐
6.	tout, toute	☐	☐
7.	quel, quelle.	☐	☐
8.	heureux, heureuse	☐	☐
9.	finissent, choisissent	☐	☐
10.	réponds, répondez	☐	☐

B les voyelles nasales ●●

1. **dans**: blanc, amie, Suzanne
2. **font**: donne, Simone, vont
3. **faim**: aimer, vingt, fais
4. **un**: brune, une, brun
5. **bien**: chien, Étienne, canadienne
6. **camion**: camionnette, avion, Yvonne

C la liaison ●●

1. Dans le film, les deux enfants tombent dans une piscine!
2. Vous êtes très heureux, les élèves?
3. Quand est-ce qu'ils invitent nos amis?
4. Nous attendons Marie chez elle.
5. Quels exercices difficiles!

D l'orthographe ●●

1. _ _ _ _ _

2. _ _ _ _ _ _

3. _ _ _ _ _ _

4. _ _ _ _ _ _ _

5. _ _ _ _ _   _ _ _ _ _ _

j'écris!

A choisis bien!

Choisis A, B ou C!

☐ 1. Un synonyme de **heureux**, c'est...

    A triste   **B** content   **C** fâché

☐ 2. Devant l'expression **le monde**, la forme correcte de l'adjectif **tout**, c'est...

    A tous   **B** toute   **C** tout

☐ 3. Le pluriel de **je choisis**, c'est...

    A nous choisissons   **B** ils choisissent   **C** vous choisissez

☐ 4. Le contraire de **Il fait beau.** c'est...

    A Il fait du soleil.   **B** Il fait mauvais.   **C** Il fait chaud.

☐ 5. Le singulier de **vous répondez**, c'est...

    A je réponds   **B** ils répondent   **C** tu réponds

☐ 6. Devant le mot **journaux**, la forme correcte de l'adjectif **quel**, c'est...

    A quels   **B** quel   **C** quelles

☐ 7. Le contraire de **à droite**, c'est...

    A à bientôt   **B** à gauche   **C** tout à coup

☐ 8. Une réponse à **Merci beaucoup!** c'est...

    A À demain!   **B** Tu vas tout droit!   **C** Il n'y a pas de quoi!

☐ 9. S'il pleut, tu portes...

    A un parapluie   **B** des patins   **C** une plage

☐ 10. Le contraire de **finir**, c'est...

    A répondre   **B** choisir   **C** commencer

B situations / réactions

Choisis une réaction pour chaque situation!

☐ 1. «Je rentre chez moi.»

☐ 2. «Est-ce que nous avons des devoirs pour demain?»

☐ 3. «Il est neuf heures cinq!»

☐ 4. «Quand est-ce que tu commences tes devoirs?»

☐ 5. «Il ne fait jamais mauvais à Tahiti?»

☐ 6. «Est-ce que le stade est près de l'école?»

☐ 7. «Il n'y a pas de test aujourd'hui, les élèves.»

☐ 8. «Vous vendez des disques, madame?»

☐ 9. «Pourquoi est-ce que Carole est à la bibliothèque?»

☐ 10. «Pour aller au restaurant *Chez Pierre*, s'il te plaît?»

A «Plus tard! Je regarde la télé!»

B «Hourra! Merci, monsieur!»

C «Alors, au revoir! À demain!»

D «Tu tournes à droite dans la rue Escoffier.»

E «Mais si! Aujourd'hui il pleut et il fait du vent!»

F «Oui, toutes les questions de l'exercice D.»

G «Elle choisit des livres sur le tennis.»

H «Vite! Nous sommes en retard!»

I «Non, il est assez loin!»

J «Mais non! C'est une librairie!»

| CAROLE | 0 | 0 | 0 |
| MARIE | 6 | 6 | 6 |

Nom: _____

C le bon mot!

Complète chaque phrase avec la bonne préposition!

1. Mon frère répond toujours _____ téléphone.

2. Au revoir, Marielle. _____ demain!

3. Tout _____ coup, Henri tombe dans l'eau!

4. Vous tournez _____ gauche dans cette rue.

5. Tu ne réfléchis pas _____ réponses.

6. _____ aller au supermarché **Bondil**, s'il vous plaît?

7. Cet élève est toujours _____ retard.

8. En été, il fait _____ soleil.

D ah, les verbes!

Souligne le verbe correct!

1. Les classes (commencent, attachent) à neuf heures.

2. Il (vend, attend) son ami devant le stade.

3. Mme Nadeau (demande, tombe) des directions.

4. Nous (quittons, commençons) la maison à midi.

5. Est-ce que tu (téléphones, réponds) à la lettre de grand-maman?

6. Je (choisis, visite) le chandail rouge.

7. Vous (tirez, tournez) à droite dans l'avenue Trudeau.

8. Est-ce que vous (réfléchissez, continuez) à ma réponse?

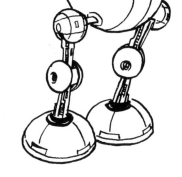

E je sais les verbes!

Complète chaque phrase avec un verbe de la liste!

| attendre vendre répondre finir choisir commencer continuer tomber |

1. Regarde! Les livres _____ du pupitre!

2. Qu'est-ce que tu _____ , la chemise ou le pantalon?

3. Pour demain, vous _____ tout l'exercice C.

4. Vous _____ tout droit dans cette avenue.

5. Pourquoi est-ce qu'il _____ sa bicyclette?

6. Si tu es en retard, je n'_____ pas!

7. Nous _____ notre déjeuner à midi.

8. Ils ne _____ jamais à des questions folles!

F questions et réponses

Quelqu'un demande:

☐ 1. Comment est-ce que tu vas à l'école?

☐ 2. À qui est-ce que tu donnes ce cadeau?

☐ 3. Pourquoi est-ce que tu ne réponds pas?

☐ 4. Tu ne joues jamais au baseball?

☐ 5. Quand est-ce que le match finit?

☐ 6. Qu'est-ce que tu fais?

☐ 7. Quel temps fait-il?

☐ 8. Tu aimes l'été?

☐ 9. Combien d'argent est-ce que tu as?

☐ 10. Je continue tout droit?

Tu réponds:

A Parce que c'est une question idiote!

B Je commence mes devoirs.

C Il fait sombre.

D Vers cinq heures.

E Ah oui! C'est ma saison favorite!

F Cinq dollars.

G J'y vais toujours à pied.

H Mais non! Tu tournes à gauche!

I Aux grands-parents de Paulette.

J Mais si! Tous les samedis!

tout ensemble (1-8)

j'écoute!

A l'élimination des mots! ●●

1. fleuve, parapluie, océan, lac

2. froid, chaud, joli, sombre

3. viande, comédie, documentaire, film

4. à demain, à bientôt, à droite, à la prochaine

5. bleu, rouge, beau, blanc

6. copine, ami, copain, comptoir

7. bravo, zut, hourra, youppi

8. salade, laitue, tomate, patins

B choisis bien! ●●

	1	2	3	4	5	6	7	8	9	10
phrase affirmative	☐	☐	☐	☐	☐	☐	☐	☐	☐	☐
phrase négative	☐	☐	☐	☐	☐	☐	☐	☐	☐	☐
question	☐	☐	☐	☐	☐	☐	☐	☐	☐	☐

C voilà des adjectifs! ●●

	1	2	3	4	5	6	7	8	9	10
masculin	☐	☐	☐	☐	☐	☐	☐	☐	☐	☐
féminin	☐	☐	☐	☐	☐	☐	☐	☐	☐	☐

D les verbes irréguliers ●●

	1	2	3	4	5	6	7	8	9	10
aller	☐	☐	☐	☐	☐	☐	☐	☐	☐	☐
avoir	☐	☐	☐	☐	☐	☐	☐	☐	☐	☐
être	☐	☐	☐	☐	☐	☐	☐	☐	☐	☐
faire	☐	☐	☐	☐	☐	☐	☐	☐	☐	☐

E les catégories des verbes ●●

1. cherches, cherchez
2. finit, finissent
3. attendent, attend
4. achetons, achètent
5. choisissons, choisis

6. vendons, vendent
7. commence, commençons
8. réfléchissent, réfléchissez
9. répond, répondent
10. écoutent, écoutons

F quel message! ●●

1. Il est deux heures.   V   F
2. La mère d'Adèle va au centre d'achats.   V   F
3. Elle y va en auto.   V   F
4. Elle y va avec la soeur d'Adèle.   V   F
5. Elle cherche de nouveaux souliers.   V   F
6. Il n'y a pas de lait dans le frigo.   V   F
7. Les grands-parents arrivent demain soir.   V   F
8. Le père d'Adèle est à la pharmacie.   V   F
9. Il achète un gâteau pour le dessert.   V   F
10. Il rentre bientôt.   V   F

Nom: _____

G les nouveaux amis ●●

CÉCILE – Salut! Est-ce que ce _____ _____ de _____ disques?

ROBERT – Et _____ ! J'_____ _____ mes disques ici

parce que je n'habite pas _____ . Où est-ce que tu habites?

CÉCILE – Moi, j'habite 56, rue Laval. C'est une _____ maison.

ROBERT – Tu _____ de la chance! Comment t'appelles-tu?

CÉCILE – Je m'appelle Cécile Boucher. Et _____ ?

ROBERT – Robert Morin. Tu _____ à l'école Vanier aussi?

CÉCILE – Je _____ lundi. Tu aimes _____ école?

ROBERT – Ah oui, c'est une _____ école! Elle est _____ et

_____ . Et les profs sont sympa!

CÉCILE – Formidable!

ROBERT – _____ ! Voici un _____ disque!

CÉCILE – Oui, c'est un excellent _____ ! Au revoir, Robert!

ROBERT – Au revoir, Cécile. À _____ !

je prononce bien!

A les consonnes finales ●●

1. intelligent

2. grise

3. brune

4. attend

5. intéressante

6. finit

7. idiote

8. grande

9. étudient

10. bonne

B la même chose! ●●

1. chouette: chaise, chaud, joli, chocolat

2. week-end: oui, western, sandwich, ville

3. noir: soir, loin, froid, avoir

4. Carole: cinéma, copain, camion, Canada

5. sur: cinq, sans, raison, assez

6. fille: famille, billet, juillet, ville

7. premier: janvier, pied, aller, travailler

8. puis: fruit, jolie, parapluie, suis

9. oignon: champignon, magnifique, gagner, fantastique

10. taxi: Maxine, exercice, Halifax, collection

C les rimes ●●

	1	2	3	4	5	6	7	8	9	10
Ça rime!	☐	☐	☐	☐	☐	☐	☐	☐	☐	☐
Ça ne rime pas!	☐	☐	☐	☐	☐	☐	☐	☐	☐	☐

D la liaison ●●

1. chez elle

2. tout à coup

3. aux élèves

4. un grand hôtel

5. de bons amis

6. les yeux bleus

7. cet hiver

8. ils invitent

9. quels enfants

10. un océan

E l'orthographe et la ponctuation ●●

1. _ _ _ _   _ _   _ _ _ _ _

2. _ _ _ • _ _   _ _ _ _ _ _

3. _ _   _ _ _   _ _

4. _ _ _   _ _   _ _

j'écris!

A choisis bien!

Choisis A, B ou C!

☐ 1. Devant le mot **villes**, la forme correcte de l'adjectif **beau**, c'est...

A beaux   **B** belles   **C** bel

☐ 2. Devant le mot **printemps**, la préposition correcte, c'est...

A en   **B** à   **C** au

☐ 3. Dans une salade, il y a souvent...

A des champignons   **B** de la glace   **C** des frites

☐ 4. Pour compléter la phrase **Il ____ raison.** tu utilises...

A est   **B** a   **C** fait

☐ 5. Une réponse à la question **Tu ne vas jamais au cinéma?** c'est...

A Mais si, j'y vais souvent!   **B** Oui, j'y vais souvent!   **C** Non, j'y vais samedi.

☐ 6. Pour compléter la phrase **Je n'ai jamais ____ argent.** tu utilises...

A de l'   **B** du   **C** d'

☐ 7. Si la réponse est **J'y vais à pied.** une question possible, c'est...

A Comment est-ce que tu vas à l'école?   **B** Où est-ce que tu vas?

C Quand est-ce que tu y vas?

☐ 8. Le contraire de **intéressant**, c'est...

A heureux   **B** intelligent   **C** ennuyeux

☐ 9. Le pluriel de **tu finis**, c'est...

A nous finissons   **B** vous finissez   **C** ils finissent

☐ 10. Le singulier de **nous vendons**, c'est...

A je vends   **B** tu vends   **C** il vend

B situations / réactions

Choisis une réaction pour chaque situation!

☐   1. Un(e) ami(e) demande des directions au stade.

☐   2. Il pleut. Tu tombes de ta bicyclette dans l'eau.

☐   3. Un(e) ami(e) gagne cinq cents dollars.

☐   4. Tu quittes un(e) ami(e).

☐   5. Un(e) ami(e) va à Paris.

☐   6. Pour le dîner, il y a de la salade.

☐   7. Tu attends un(e) ami(e). Il (Elle) arrive trente minutes plus tard.

☐   8. Tu as faim, mais tu ne trouves pas le restaurant.

☐   9. Tes amis ne sont pas d'accord avec toi. Ils sont très fâchés!

☐ 10. Ton ami(e) porte des jeans noirs et un T-shirt orange.

A «Ah non! Encore des oignons! Je déteste ça!»

B «Tu as de la chance! C'est beaucoup!»

C «Pardon, pour aller au restaurant *Le Délice*, s'il vous plaît?»

D «Enfin! Toi, tu es toujours en retard!»

E «Tu continues tout droit dans cette rue. Ce n'est pas loin.»

F «Tu plaisantes! Ce n'est pas l'Hallowe'en!»

G «Au revoir! À demain!»

H «Bon voyage!»

I «Assez! Assez! Cette dispute est folle!»

J «Ça, c'est le comble!»

C vive les adjectifs!

Utilise la forme correcte de l'adjectif indiqué. Attention à la position!

1. (grand) (un hôtel) _Voilà_ _____!
2. (rouge) (une Corvette) _Voilà_ _____!
3. (joli) (une ville) _Voilà_ _____!
4. (gris) (des souliers) _Voilà_ _____!
5. (beau) (un aéroport) _Voilà_ _____!
6. (blanc) (une maison) _Voilà_ _____!
7. (bon) (des idées) _Voilà_ _____!
8. (nouveau) (une question) _Voilà_ _____!
9. (petit) (des champignons) _Voilà_ _____!
10. (nerveux) (des élèves) _Voilà_ _____!

D je sais les verbes!

Écris la forme correcte du verbe indiqué!

1. (finir) Pour demain, nous _____ tous ces exercices.
2. (échanger) Nous _____ souvent des photos.
3. (vendre) Tu _____ ta collection d'insectes?
4. (choisir) Qu'est-ce qu'ils _____ ?
5. (commencer) Nous _____ le test dans dix minutes.
6. (répondre) Ils ne _____ jamais à mes lettres.
7. (travailler) Où est-ce que tu _____ ?
8. (acheter) Elles _____ de nouveaux patins.
9. (attendre) Vous _____ M. Godot?
10. (réfléchir) Ah, zut! Je ne _____ jamais assez!

E double-réponses!

Réponds à chaque question à l'affirmative et à la négative!

1. Est-ce que tu vas souvent à l'épicerie?

   Oui, _____

   Non, _____

2. Est-ce que tu as de l'argent?

   Oui, _____

   Non, _____

3. Est-ce que tu achètes quelque chose?

   Oui, _____

   Non, _____

4. Est-ce que tu choisis un guide sur Vancouver?

   Oui, _____

   Non, _____

5. Est-ce que tu travailles toujours après les classes?

   Oui, _____

   Non, _____

6. Est-ce que ce sont des questions difficiles?

   Oui, _____

   Non, _____

F · le singulier et le pluriel

Mets chaque phrase au pluriel!

1. Je regarde tout le film.

   _____ .

2. Elle répond à l'élève.

   _____ .

3. Tu choisis ce journal?

   _____ .

Mets chaque phrase au singulier!

1. Nous mangeons tous les gâteaux.

   _____ .

2. Elles répondent aux questions.

   _____ .

3. Nous n'allons pas aux magasins.

   _____ .

G mots croisés: les verbes *aller*, *avoir*, *être* et *faire*

Utilise le verbe correct dans chaque phrase!

1. Est-ce que vous _____ souvent en retard pour l'école?

2. Nous _____ au centre d'achats en métro.

3. Comment est-ce qu'il _____ à Montréal?

4. Nous _____ de Trois-Rivières.

5. Est-ce que tu y _____ lundi?

6. Est-ce que tu _____ du camping en été?

7. Où est-ce que vous _____ du ski?

8. Ils _____ grands et beaux.

9. Nous _____ de la natation à la plage.

10. Je _____ chez Monique après le dîner.

11. Vous n'_____ jamais raison!

12. Nous _____ soif!

13. Quand est-ce que vous _____ au concert?

14. Est-ce que tu _____ occupé?

15. Tu _____ de la chance!